南極へ行きませんか

Katutada Kaminuma
神沼克伊

出窓社

❶南極英雄時代を偲ばせるロス島ハット岬のスコット小屋（1902年建）とマクマード入江を航行するアメリカの砕氷船。スコット小屋には、探検隊が残した品物が保存されており、一定のルールのもとで見学することができる。

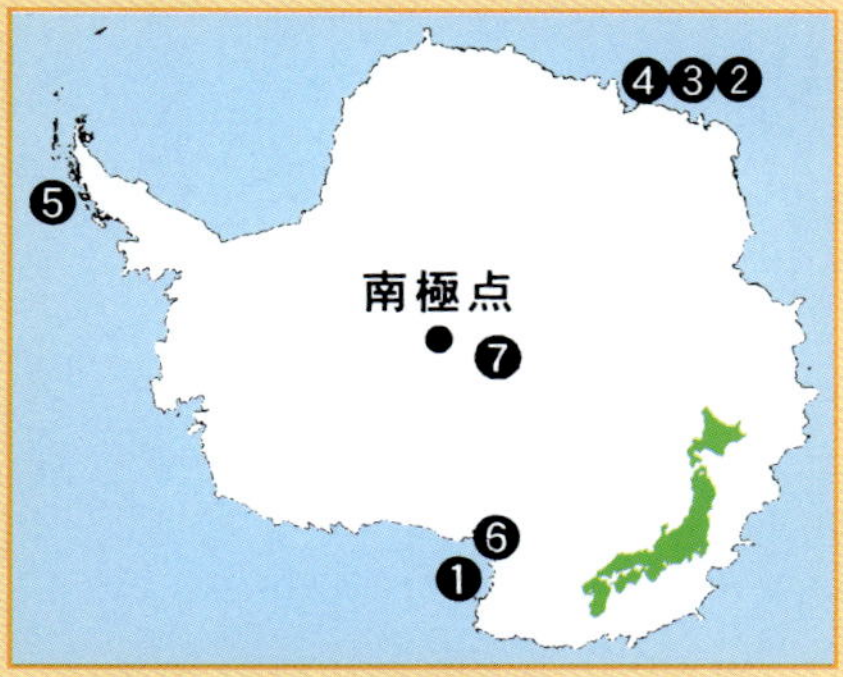

南極大陸と日本の同縮尺比較。
数字は、写真のそれぞれの位置を表す。

❷観光客の目を楽しませてくれる海氷に群れるアデリーペンギン

❸人と貨物の輸送・観測・砕氷と多様な任務をこなす砕氷船「しらせ」
(18,900トン)(撮影・大下和久)

❹日本の南極観測最前線・昭和基地全景（東オングル島）。近年、昭和基地へも観光客が訪れるようになった。（撮影・大下和久）

❺各国の観測基地が集中するサウスシェトランド諸島キングジョージ島にあるチリのフレイ基地、エスクデロ基地、ロシアのベリングスハウゼン基地。ここは、南極観光の最前線でもある。

❻広大なロス柵氷《たなごおり》の彼方で噴煙をあげるロス島のシンボル、エレバス山。柵氷は、至るところでプレッシャーリッジ（盛り上がった氷）となり、荘厳な自然美を見せてくれる。

❼冒険者・観光客の究極の目的地・南極点。セレモニーポールを囲んで南極条約原署名国12か国の国旗が翻る。背後に見えるドームは、アメリカ合衆国のアムンセン・スコット南極点基地。

南極へ行きませんか◈目　次

南極へ行きませんか

序にかえて

「あなたはこれまでの考えを変えたのか?!」、私が友人の一人に「南極観光の本を書こうと思う」と言った時の反応である。確かに私は日本の南極関係者のなかでは南極観光に最も強く反対してきた一人である。しかし同時に、二十一世紀になったら南極は一定のルールのもとで、多くの人に開放されるようにせざるを得ないとも主張してきた。そして、その二十一世紀がきた。

だが、世の中で南極観光のルール作りはなされていない。そこで私は南極観光を希望する人への心構えとともに、観光面から見た南極を紹介する本を上梓することにした。おそらくこのような本は世界的にも珍しく、日本では初めての本である。原稿が完成した頃、私の研究室を訪れた韓国の南極観測の重鎮は、できることなら韓国語にも翻訳したいと言ってくれた。

南極観光を希望する人は、まず**南極に関する正しい知識**と**人間としての教養**を身につけてから行って欲しい。そのため、本書ではまず、南極大陸がどのようにして発見され、その厚いベールがはがされてきたのかを述べる。

さらに国際地球観測年以来、科学の大陸、国際協力の場となった南極の姿が、明らかになってきた経緯を説明し、科学的な成果を述べる。このように南極大陸の発見の歴史、科学観測や調査で得られた知見の概略を理解してから、南極に行って欲しい。南極では、たとえ小さな島であっても、そこには先人たちの苦闘の物語が隠されているかもしれない。そしてその苦闘の跡は、あちこちに残る南極の地名からも推測できるのである。

南極観光ではペンギンやアザラシに触れるのはタブーである。事前にいくら注意されてはいても、ペンギンのかわいい雛《ひな》を見たら、手にとって、一緒に写真ぐらいは撮りたいというのも人情である。前もって厳重にしてはいけないことの注意は受けていても、一生に一回のことだからと、ペンギンの雛を抱いて写真を撮ってしまう。**このような人を私は教養があるとは思えない。**

飛行機で南極大陸へ飛び、滞在中のゴミは全部持ち帰ったので自分たちは南極を汚さずに行って来たと主張する人がいる。このような人も**南極に行って欲しくない**。飛行機の排気ガスは南極の空を十分に汚しているのである。それに気づかない知識と教養のなさでは救いがない。

私は教養のある人とは、学歴に関係なく、自分の欲望をコントロールできる人だと考えている。

本書を手にとるまで、南極に関心のなかった人たちには、第一章や第二章の内容はかたすぎて読み進むのに苦痛を感じられるかもしれない。初めの章がかたすぎると感じた方々は、**第三章の「ロマンの大陸」**から読み始めて欲しい。まず南極に興味を持たれ、観光する目的地が決まってから前に戻られても、本書の内容全体の理解には何の支障もない。

私は一人でも多くの子どもたちに南極を知って欲しいと願う。南極を知ることは理科や社会科の勉強につながるのだと分かれば、子どもたちは理科や社会科にも興味を持つはずである。そして研究者や学者になることだけが、**南極へ行く道**でないことを理解したら、子どもたちの興味はさらに広がるはずである。本書を読まれた大人たちは、ぜひ子どもたちの目を開いて欲しい。

一人でも多くの人が知識と教養を身につけ南極観光を目指して下されば、著者として何よりの喜びである。

第一章　黎明期の南極

1 ＊ 未知の南の国

◈地のはての陸地

今から二千年前、日本人の先祖は弥生式土器を作り、静岡県の登呂《とろ》遺跡、青森県の三内丸山《さんないまるやま》遺跡、佐賀県の吉野ヶ里《よしのがり》遺跡などに見られるような農耕生活を営んでいた。その頃古代ギリシアの哲学者たちはすでに陸地とそれを囲む海は球体をしているであろうと考えていた。彼らは物の対称性を重視し、まだ地球という概念はなかったが、自分たちの住んでいる北の陸地に対し、南にも同じように陸地があるだろうと考えていた。エジプトのアレクサンドリアに住んでいたプトレマイオスが紀元前一五〇年頃に描いた地図には、世界の最南端に「未知の南の国」が示されている。思索の結果ではあるが、南極大陸が存在する可能性はギリシア時代にすでに指摘されていたのである。

しかし、人類が実際にその南の地へ船を進めたのは何世紀も後になる。南の海で最初に氷を見たのはポリネシア人だったとされている。南太平洋の南緯二一度、西経一五九度付近に位置する現在はニュージーランド領になっているラロトンガ島には、「六五〇年頃、ウィ・テ・ランギオラという男とその仲間たちが、南太平洋をカヌーで航海中、暴風雨にあい南に流され、氷の浮かぶ海に達した」という伝説が残されている。ニュージーランドは先住民のマオリ族と十九世紀にイギリスから移民してきた白人とからなる国であるが、このマオリ族もポリネシアからの渡来民族である。十世紀頃、一〇メートル以上もある大きなカヌーと卓越した航海術とにより、熱帯地域から三〇〇〇キロメートル以上の海を乗り越えて、ニュージーランドまでやって来た。マオリ族と同じ民族がもっと南まで航海したことは、十分に想像できる。

◈大航海時代の発見

南極への人類の本格的なアプローチは、さらに一千年以上も先のことになるが、それでも十五世紀に入ると、ヨーロッパ人が当時は未知の海域であった南半球へと航海を続け、その活動範囲を拡大してゆき、数々の地理学上の大発見をする時代をむかえた。一四八八年、ポルトガルのディアスはアフリカ大陸の南端に達し、そこを「嵐の岬」と命名したが、帰国後、国王ジュアンII世の命により「喜望峰《きぼうほう》」と改めた。バスコ・ダ・ガマは、一四九七年にこの喜望峰をまわりインドのゴアへと達し、初めて大西洋からインド洋への航海をなしとげた。

ポルトガル人のマゼランはイスパニア国王に仕え、イスパニア（現スペイン）から西回りでインドへ到達する西方航路を発見することを目的にした航海に出発した。一五二〇年十一月二十八日、彼は南アメリカ大陸とその南側の陸地との間の水路を通過し、大西洋から太平洋にぬけることに成功した。この南側の陸地はティエラ・デル・フェゴ（火の土地）と名づけられ、現在ではフェゴ島と呼ばれ、通過した海峡はマゼラン海峡と呼ばれている。彼らは、ティエラ・デル・フエゴこそ「未知の南の国」だろうと考えた。

一五七七〜八〇年、イギリスのドレークは女王エリザベスI世の命を受け、イギリス人として初めての世界周航を達成した。この航海で、彼らは大西洋からマゼラン海峡を通過し、太平洋に出たところで嵐に襲われ南東に流されてしまった。そして、大西洋、太平洋の二つの大洋が南アメリカの最南端で続いており、ティエラ・デル・フェゴは「南の大陸」ではなく、単にひとつの島であることを確認した。「南の大陸」は未知のままであったが、彼らは初めてホーン岬の南に達し、現在そこはドレーク海峡と呼ばれている。一五九二年にはイギリスの航海者デービスが、南大西洋でサウスジョージア島を発見している。

十六世紀も後半には、フランスで各国の航海者や探検家からの情報をもとに、次々に新しい地図が作られていた。一五六九年、メルカトールにより出版された世界地図には、地球の南端にはフェゴ島やオーストラリアを含めた大陸「テラ・オーストラリス・ノンドゥム・コグニタ（未知の南の国）」が大きく示されている。

一五七〇年には銅版印刷による世界地図帳が、オルテリウスにより出版されたが、これにもメルカトールと同じように「テラ・オーストラリス・ノンドゥム・コグニタ」が示されている。

このフランスで出版された地図は当時、来航していたポルトガル船により、長崎や平戸の港から日本にも持ち込まれ、屏風《びょうぶ》に仕立てられた。この「世界地図屏風」は今日でも見ることができるが、この屏風には「未知の南の国」も描かれている。

織田信長はもちろん、豊臣秀吉、徳川家康などもポルトガルやオランダの宣教師たちに会って、日本までの航海のありさまを聞いたというので、「未知の南の国」の話も知っていたかもしれない。十六世紀には日本へも「未知の南の国（南極大陸）」の知識が入ってきていたと考えても間違いではなかろう。しかし、その知識が開花するのは、さらに三百年以上もの年月が必要であった。

◈オーストラリア大陸の発見

十七世紀に入ると、それまでのイスパニアやポルトガルに代わり、オランダが世界の貿易界に進出してきた。この新勢力オランダにとっては、ようやくその姿を現し始めていたオーストラリアは非常に魅力のある新大陸で、その周辺を含め詳しい調査をするためタスマンが派遣された。タスマンはオーストラリア大陸の周航を達成し、オーストラリアもひとつの大陸であり「南の大陸」とは陸続きでないことを明らかにした。その航海の途中の一六四二年十二月十三日にはニュージーランドの北島を視認している。荒波と土人（先住民のマオリ族と分かるのは後のこと）の襲来で上陸できず、島内調査はできなかったが、タスマンはこの地こそ「南の大陸」であろうと確信していたようである。

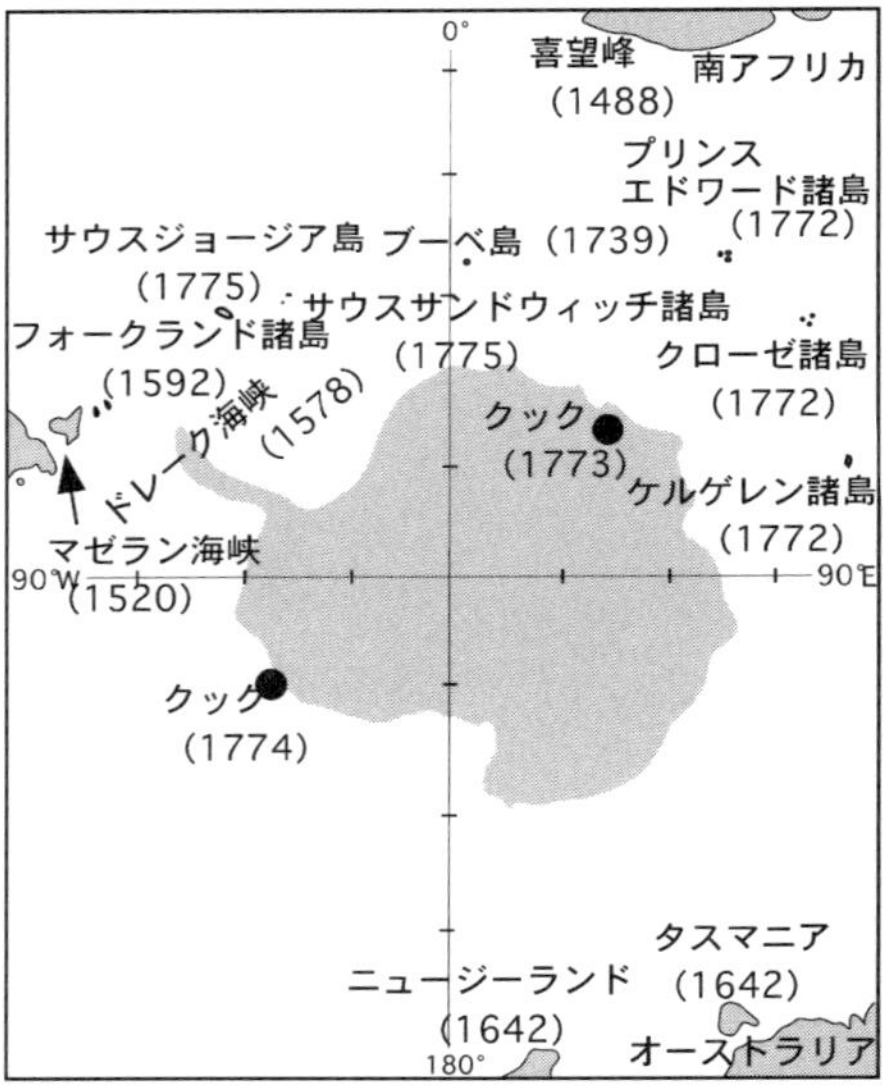

18世紀までの南大洋

「未知の南の国」への人類のアプローチは十八世紀に入って、さらに南へと拡大した。一七三八〜三九年、フランスのブーベ・ド・ロジールの探検隊はアフリカ南方の未知の海域の調査を行った。南緯五五度の緯度線に沿って東西に二五〇〇キロメートルの航海をしたが、氷河におおわれた小島のほかは、陸地を発見できなかった。現在この島は彼の名をとりブーベ島と呼ばれている。陸地こそ発見できなかったが、この探検隊は航海中にたくさんのテーブル型氷山に出会った。彼らはこのテーブル型氷山こそ、南に陸地のある証拠ではないかという貴重な報告を残している。

同じフランスから二つの探検隊が、三十年後、再びこの南の海域に挑んでいる。マリオン・デュフレスネの率いる隊は、一七七二年一月十三日から二十四日の間に、インド洋の南で、今日のクローゼ諸島とプリンスエドワード諸島を発見した。もうひとつの隊はケルゲレン・トレマックに率いられ、新大陸発見に意欲を燃やしていた。一七七二年二月十二日、彼らは陸地を発見したが、天候が悪く十分な調査ができずに帰国した。しかし、その陸地こそ「南の大陸」の一部ではないかと判断し、「南フランス」と名づけフランスの領土とすると宣言をし、そこには豊富な資源が存在すると報告した。一年後に再び訪れて調査した結果、豊富な資源があると期待し、希望に満ちていたこの陸地も、実は荒涼とした島じまにすぎないことが判明した。現在、この島じまはケルゲレン諸島と呼ばれ、フランスの南極観測の基地が建設されており、海洋調査の拠点となっている。

◈ジェームス・クックの航海

この二つのフランス隊と時期を同じくして、イギリスのジェームス・クックは世界で初めての本格的な「南の大陸」を発見する目的の探検航海をすべく、一七七二年に母国を出航した。この航海の前一七六八〜七一年には、クックは彼自身の第一回の航海を行っている。

クックは一七七二年十一月末に喜望峰から、南東に向け航海を続け、一七七三年一月十七日一一時一五分、東経三九度線で、初めて南緯六六度三三分以南の南極圏へと進入した。この地点は、現在、日本の昭和基地が建設されている地域のほぼ真北にあたる。南極の冬の間、クックはタヒチやニュージーランドを訪れ、北の海域の調査を実施している。クックは一七七三年十二月に再び南下し、西経一五〇度線から一四〇度線にかけて南極圏内を航海した。一七七四年一月三十日、西経一〇六度五四分で、南緯七一度一〇分に達し、その航海の最南点を記録した。その後も東進を続け、ドレーク海峡から大西洋に出て、サウスジョージア島を調査し、さらにサウスサンドウィッチ諸島を発見するなど、数々の地理的な発見をして帰国した。この南半球の高緯度で地球を一周（全経度線を横切る）した航海は、人類が初めて行った南極大陸の周航であった。しかし、クックは「南の大陸」が存在するとしても、その陸地は南緯六〇度より高緯度にあり、雪と氷に覆《おお》われ、人間が近づくのも困難な地で、人類になんの利益も与えないであろうと述べるとともに、サウスジョージア島付近にはアザラシやクジラが豊富にいることも報告している。

この頃、北の海のアザラシやオットセイは、乱獲され激減していた。クックの報告を知ったイギリスの狩猟者たちは南の海へと向かい、一七七八年にはサウスジョージア島に基地を設け、アザラシ狩りを続けた。

一七七六年、イギリスから独立したばかりの新興国アメリカの狩猟者たちも一七九〇〜九二年にサウスジョージア島とケルゲレン諸島とに基地を設け、南の海域でアザラシ狩りを始めた。

そして、一七九〇〜一八二〇年のわずか三十年の間に、サウスジョージア島、ケルゲレン諸島などのゾウアザラシやミナミオットセイなどはその美しい毛皮と豊富な脂のため乱獲され、絶滅の危機に瀕してしまった。この間の一八一〇年には、オーストラリアの狩猟家ハッセルポロウによりマックォリー島が発見され、新しい猟場となり、そこでも乱獲が続けられた。

2 ＊ 南極大陸の発見

◆イギリス船による発見

イギリスのアザラシ狩猟船ウィリアムズ号は一八一九年二月ドレーク海峡を南下中に、南緯六二度四二分付近で陸地を発見し、南半球が春になった十月に再び訪れて上陸に成功した。南緯六〇度以南で初めての陸地の発見で、この陸地は現在のサウスシェトランド諸島である。この報告を受けたイギリス海軍は、ブランスフィールドを指揮官に、船長スミスを案内人として、ウィリアムズ号で調査隊を派遣しサウスシェトランド諸島の調査を行った。

さらに、一八二〇年一月三十日、同船は南緯六八度三〇分の海域に達し、東の方向に島じまを望見するとともに、南の方向にも陸影を視認し、その陸地域一帯を「トリニティランド」と命名した。現在この航海をした海域はブランスフィールド海峡と呼ばれており、トリニティランドはトリニティ島（南緯六三度四五分、西経六〇度四四分）だろうと推定されている。しかし、イギリスはこのトリニティランドの発見の事実をもって、初めての「南の大陸」の発見と主張している。一八二一年にはイギリスの別のアザラシ狩猟船隊が、サウスシェトランド諸島の北東端にあるキングジョージ島で初めての越冬を行った。

◆アメリカ船による発見

一八二〇年から翌二一年にかけ、五隻の船よりなるアメリカのアザラシ狩猟船隊が、サウスシェトランド諸島のひとつデセプション島を根拠地として、猟を続けていた。デセプション島は海底火山の項上部だけが海面上に突き出ている馬蹄《ばてい》型の島で、南極にある数少ない活火山のひとつである。当時も島のあちこちで水蒸気が噴出し、島内の氷河は火山灰で黒く汚れていたというから、火山活動は活発だったようである。島の内側のカルデラが湾を形成し、天然の良港となっており、現在はフォスター泊地《はくち》と命名されているが、当時はアメリカの船隊がここを狩猟基地としながら活動を続けていたことから、「ヤンキーハーバー」と呼ばれていた。この船隊のヒーロー号の船長は二十一歳のパーマーで、一八二〇年十一月十七日、デセプション島から南の海域へアザラシ探しのため船を進め、氷に閉ざされた小さな海峡を発見した。この海峡は今日のオーリアンズ海峡と推定されているが、その南側の陸地は南極半島で、まさしく南極大陸の本土である。アメリカはこの事実から「南の大陸」の最初の発見と主張している。

その後、ヒーロー号はデセプション島から南西方向の海域で猟をし、そこで岩の露出した島じまを発見した。この島じまは現在ではパーマー諸島と命名されている。

デービスはアメリカ船隊の一隻であるシシリイ号の船長で、一八二一年二月にはサウスシェトランド諸島南西端のロウ島でアザラシ狩りをしていた。そして二月七日の航海日誌には「ボートを降ろし、南東方向にある大きな陸地へアザラシを見にいかせた。この南の陸地は大陸であろう」と書き残している。簡単な記述であるが、この記録から一般には彼らが南極大陸への初上陸をしたと認められている事実で、その上陸地点は現在のヒューズ湾と推定されている。

◈ロシアの科学調査

これらアザラシ狩猟者たちの活躍とは別に、一八一九〜二二年にロシアが南極海域へ科学調査の探検隊を派遣した。ボストーク、ミールヌイという二隻の軍艦よりなるこの探検隊は、ベリングスハウゼンが指揮し、クックの航海を上まわる高緯度での「南の大陸」の周航を達成した。この艦隊はまずサウスサンドウィッチ諸島の一部を発見した後、東へ向けて航海を続け、西経五度から東経二〇度の海域では大陸にかなり接近している。特に、西経二度一五分の地点では南緯六九度二一分に達している。この地点は大陸縁までわずか三〇キロメートルの近い距離にあったが、降雪のため視界が悪く陸地を認めることはできなかった。

一八二一年一月二十一日、彼らは西経九〇度三〇分、南緯六八度五〇分の地点で陸地を発見し、ピーターI世島と命名した。かつてベーリングをアラスカ探検に派遣したロシア皇帝の名である。ピーターI世島こそ人類が南極圏内で最初に発見した陸地である。

このピーターI世島を発見した後、ロシア艦隊は、現在その功績を記念してベリングスハウゼン海と呼ばれている海域を東に進み、一月二十八日には再び陸地を発見し、時のロシア皇帝の名をとり「アレクサンダーランド」と命名したが、その後、このアレクサンダーランドは大陸とは氷河でつながっている島であることが分かり、現在ではアレクサンダー島と呼ばれている。ソ連(現ロシア)はこのアレクサンダーランドの発見をもって「南の大陸」の最初の発見と主張した。

十五世紀の大航海時代からおよそ四百年間にわたって、多くの航海者たちによって探し求め続けられてきた「未知の南の大陸」が、わずか一年足らずの間に、異なった三つの船団により発見された。一八二〇年から一八二一年にかけて「未知の南の大陸」が初めて人類の前にその姿の一端を現わしたことは事実であるが、「最初の発見」という実績は「領土」という国際的な大問題に発展するだけに、互いの主張がくり返されるが、新しい資料が発見されない限り、この論争の結論はでないであろう。ただし、アメリカとソ連(当時)は後年の南極条約の締結に際し、南極の領土権は主張しないと宣言した。この実績のある二大国の宣言により、南極条約は順調に成立したのである。ウェッデル海、エンダービランド、ケンプランド、グラハムランド、ビスコー諸島など、今日に残る地名はいずれも一八二〇年から一八三〇年にかけて、狩猟船や捕鯨船によりなされた地理学的な発見の結果、命名されたものである。

3 ＊ 科学調査

◈狩猟から科学調査へ

嵐のようなアザラシ狩りの時期が過ぎると、「南の大陸」にも科学の目が向けられるようになった。この頃は近代科学の幕開けのときで、科学史上でも傑出しているドイツの偉大な数学者ガウスが地球磁場の原因が地球内部にあると理論的に証明した。一八三一年、イギリスのジョン・ロスが北磁極を発見すると、このガウス理論を確かめ、さらに発展させるため、科学者の関心は南磁極へと集まった。

フランス、アメリカ、イギリスの三国は、ほぼ同じ頃に、科学調査を目的とした探検隊を南の大陸に派遣した。

フランス隊の指揮官のデュモン・デュルビルは、科学調査とともに南磁極の発見にも大きな関心を寄せていた。一八三七〜三九年にウェッデル海側を調査した後、一八四〇年一月、フランス艦隊は南磁極の発見を目指し、東経一二〇〜一六〇度の南極の未探検海域を進み、羅針盤《らしんばん》の針が真南を指す方向に航海を続けると、磁石の伏角《ふっかく》はだんだんと大きくなっていった。一月二十日の夜、彼らは前方に陸影を認め、翌日、ボートで露岩の点在するその陸地に上陸し、岩石の標本を採取し、測量して南緯六六度三〇分、東経一四〇度のその地点をジオロジー岬と名づけた。このジオロジー岬への上陸は、東半球側での「南の大陸」への第一歩であった。そして、その付近一帯をフランスの領土とするという宣言を行うとともに、デュモン・デュルビルの妻の名をとってアデリーランドと命名した。さらに、そこに生息していたペンギンをアデリーペンギンと呼んだ。

フランス艦隊はさらに西に向かって十日間ほど航海を続け、東経一三一度線に達している。その途中でアメリカ隊のポーパス号にも出会っている。ポーパス号は、アメリカが南極に公式に派遣した六隻からなる探検隊のうちの一隻であった。ウィルクスが指揮するこの探検隊は、フランス隊より一年遅れて本国を出航し、一八三九年三月には南緯七〇度、西経一〇五度付近に達し、陸地を発見した。この陸地は現在のサーストン島と推定されるが、この島の正式な発見は、一世紀後に同じアメリカのバードによりなされたことになっている。

一八三九年十二月から一八四〇年一月にかけ、アメリカ隊はバーレニイ諸島から、磁極があると推定される海域を経て、エンダービーランドへと向けて航海を続けていた。二月十六日に行手をさえぎる大氷崖《だいひょうがい》にぶつかり、それ以上の航海を断念し、その地点をターミネーションランドと名づけて帰途についた。このターミネーションランドの氷崖は、大陸から一〇〇キロメートルも沖合に突き出ている現在のシャクルトン棚氷《たなごおり》である。アメリカ隊の航海域は太平洋側の西経一

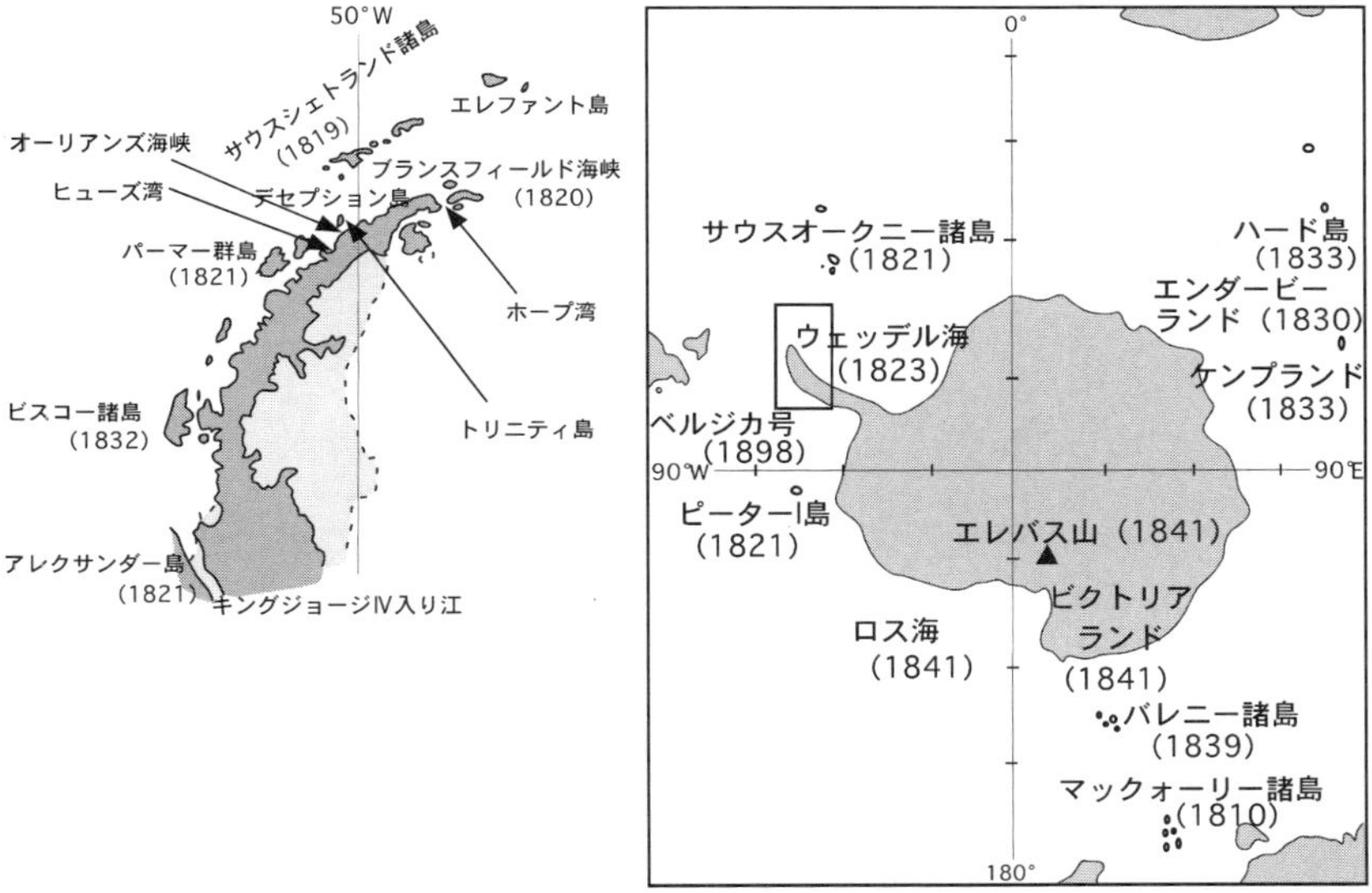

19 世紀の南極（右）と南極半島の拡大図（左）

〇五度から東経九七度に及び、途中のあちこちで陸地を視認している。ウィルクスの報告には、陸地の位置や距離にやや正確さに欠ける点があったようで、帰国後その信頼性を疑われたが、アメリカ隊が「南の大陸」の西半球側から東半球側へかけての航海で貴重な情報を得たことは事実である。アメリカ隊が陸地を視認した海岸域から内陸にかけての一帯はウィルクスランドと命名されている。このアメリカ隊の航海の結果、「南の大陸」はその海岸線の七〇％を人類の前に現わし、「南極大陸」と呼べそうなことが明らかとなった。

◆南磁極を求めて

イギリス隊の指揮をとったのは一八二九〜三三年の北磁極発見の探検隊に参加し、南磁極の発見にも意欲を燃やしていたジェームス・ロスであった。フランス隊から二年遅れて、エレバス、テラー二隻の船で故郷を出航し、南緯七一度、東経一七〇度で陸地を発見し、アデア岬と名づけた。西から続いていた陸地の海岸線（ウィルクスランドの海岸線）は、この地点からほぼ直角に曲がり、真南の方向に屈曲しながら延びていた。磁石の南の方向は、進路の右手前の陸地を指していた。一八四一年一月五日、二隻の船は浮氷群帯に突込み、一月十日、東経一七四度線沿いで、浮氷群の南側に見渡す限りに広がっている開水面へと出た。西側の陸地は延々と続いており、山々の連《つら》なりも望見されたが、沿岸より張り出した氷河や浮氷に妨げられて、大陸への上陸は果せなかった。しかし、ペンギンの群生する小さな島（現在のポゼション島：南緯七一度五六分、東経一七一度一〇分）に上陸し、その周辺一帯の大陸を時のイギリス女王の名を冠しビクトリアランドと命名した。

ロス隊はさらに南へと航海を続けたが、磁石の針の方向は西から北西へと変化し、目指す南磁極は海岸地域にはなく、陸上にあることは確実となった。南磁極への航海は不可能となったが、二隻の船はさらに南下を続け、一月二十六日、前方に陸影を認めた。一月二十七日、その陸影へと接近すると、そこには高い純白の山が二つ並び、その西側頂上から噴煙が立ち昇っていた。南極の白夜が訪れると、山頂付近は紅く見え、赤い溶岩が西側斜面を流れ下っているのが認められた。雪と氷の沈黙した世界と考えられていた「南の大陸」で、初めて発見された「生きている火山」であり、ロスはこの活動する火山にエレバス、その東側の山にテラーと、船の名をとって命名し、それぞれの標高を四〇二三メートル、三二七七メートルと測定した。

ロスはエレバス山のある陸地を「南の大陸」の一部と推定し、この陸地とビクトリアランドとの間に広がる海氷原をマクマード湾と呼んだ。しかし、その後の調査で、エレバス山やテラー山の陸地は島であることが判明し、ロス島と名づけられ、マクマード湾は現在ではマクマード入江と呼ばれている。ロス隊は東に延びる海氷原の白い崖に沿って西経一六七度線に達し、浮氷群に前進をはばまれた。次の夏、再び同じ海域を訪れ、海氷原に大さな湾入部をみつけ、一八四二年二月二十二日、当時の最南点の南緯七八度一〇分、西経一六一度二七分に達した。その南側には相変らず海氷原が広がり、ロス隊の停泊した湾にはたくさんのクジラがいたので、鯨湾と名づけた。七十年後、日本の白瀬隊もこの地を訪れることになる。ロス隊の眼前に広がっていた海氷原をロス棚氷、広い開水面のあった海域はロス海と、ロスの功績を記念して名づけられている。

フランス、アメリカ、イギリスによる各隊の航海により、南極大陸周辺の厚いベールは大きくはがされた。

4 * 越冬の始まり

◆ベルジカ探検隊の越冬

三国の航海に続く五十年間、南極大陸への探検・調査はほとんどなされなかったが、大陸周辺の南極海では捕鯨が活況を呈し、絶滅が回避され、再び増え始めていたアザラシの狩猟も短い間ながら復活した。

一八九五年、ロンドンで開かれた第六回国際地理学会議で、南極の学問的重要性が議論され、二十世紀を迎える前にその調査に着手すべきと提唱された。ベルギーはこれを受けてただちに探検隊を組織した。ベルギー王立海軍のアドリエン・デ・ゲルラッシュが指揮をとり、二五〇トンのベルジカ号で南極に向け出港した。ベルジカ探検隊は五か国から十九名の隊員が参加した国際的な観測隊で、ノルウェーのアムンセン、アメリカのクックなど、後年、南極や北極で活躍した人物も参加している。ベルジカ号は南極半島の先端付近の西海岸を調査した後、アレクサンダー島付近で氷海に閉じこめられてしまった。一八九八年三月から十三か月間ベリンクスハウゼン海を閉じこめられたまま海氷とともに漂流を続け、そのまま冬を越し、海の測深、気象、地磁気などの観測や測定を行った。彼らは南極圏内で初めて冬を越した人びとであったが、生鮮食料品の不足から全員が壊血病《かいけつびょう》になり、九死に一生を得て帰国した。六十年後、昭和基地の南西五〇〇キロメートルのベルギー隊によって発見された山脈は、ベルジガ山脈と命名された。

◈南極大陸最初の越冬

ノルウェーの博物学者ボルヒグレンビンクはイギリス政府の援助で観測隊を組織し、南十字星号で一八九九年二月アデア岬を訪れ、ロバートソン湾で越冬した。犬ぞりを使って内陸氷原の調査旅行をはじめ、付近一帯の調査を実施した。人類は初めて南極の内陸に第一歩を印し、南極大陸での最初の越冬をしたのである。

年間を通じて気温が測定され、南極大陸沿岸地方の平均気温が、マイナス一〇〜一五℃程度であることを明らかにした。越冬隊員は十名であったが、動物学者のハンソンが三十三歳の若さで死亡、南極大陸に初の墓標が建てられた。

この二つの探険は人類が南極で冬を越すことが可能である実証した。そして二十世紀の南極英雄時代を迎えるさきがけとなった探検隊であった。

5

＊ 英雄時代

◆大陸内部へ

二十世紀に入り、南極は英雄時代と呼ばれる華やかな時代を迎えた。探検の目標はおのずと南極大陸の内陸へと向けられた。一九〇一～〇四年、イギリスはスコットを隊長とする探検隊をディスカバリー号で南極に派遣した。スコット隊はロス島に向かい、エレバス山から南に延びた半島の先の岬に越冬基地を設け、船ともども越冬した。この岬は現在はハット岬（南緯七七度四六分、東経一六六度五一分）と呼ばれている。スコット隊は越冬中にマクマード入江を横断し、アデア岬から延々と続いている、標高二〇〇〇～四〇〇〇メートルの南極横断山地に初めての足跡を印すとともに、大陸内部を形成する南極氷原を視野にとらえ、広大な無雪地帯であるドライバレーを発見するなど、いろいろな調査旅行を行っている。なかでもアデア岬から南に延びる海岸線とロス棚氷とが、どこまで続いているのかを探る目的で、スコットはシャクルトン、ウィルソンの二名を伴い、ロス棚氷上を南へ向けて犬ぞり旅行を行い、一九〇二年十二月三十日には南緯八〇度一七分に達し、初めて南緯八〇度線を越えている。

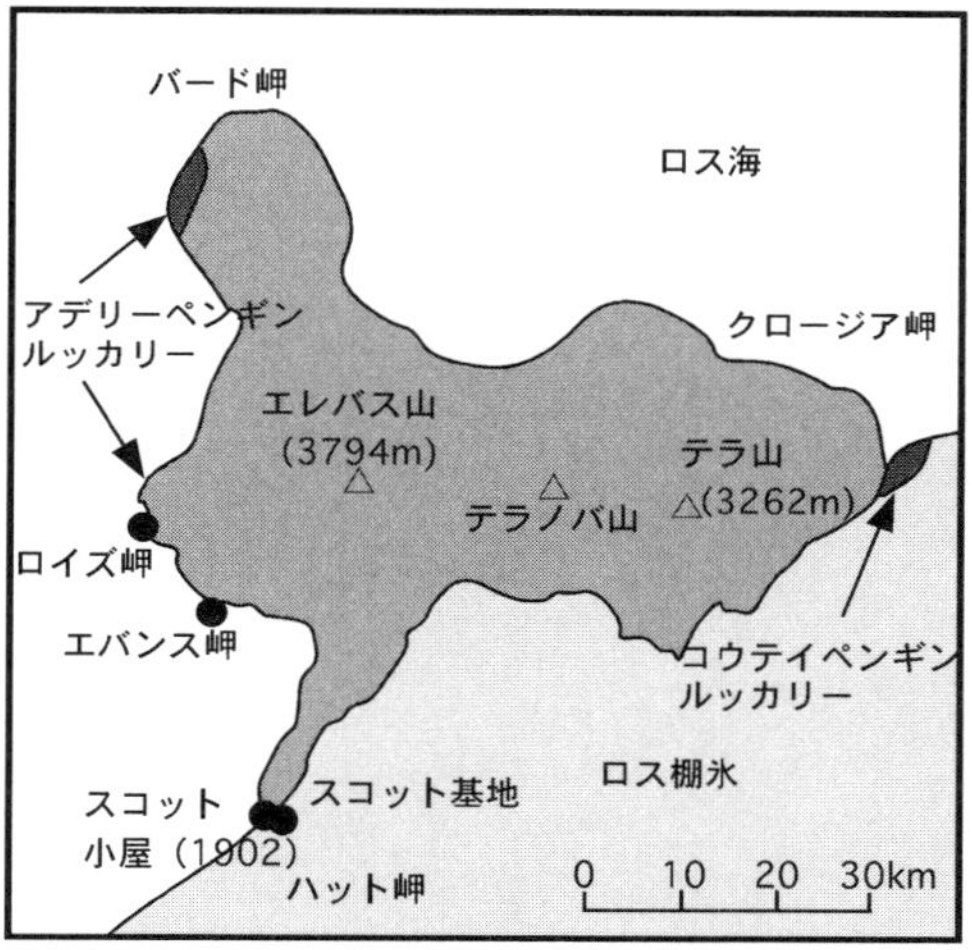

ロス島の概念図

越冬中のスコットらの調査により、南極大陸の内陸部も人類の前にようやくその姿を見せ始めた。

同じ頃、ドイツ、スウェーデン、フランスなどからも探検隊が派遣され、大陸沿岸のあちこちで調査がすすめられていた。

◆南磁極到達

二冬を南極で過ごしたスコット隊が帰国すると、イギリス国内には「南極点到達」の気運が盛りあがっていた。壊血病ため一冬で帰国したスコット隊のシャクルトンは、南磁極と南極点の二極の征服を目指して探検隊を組織し、一九〇七年、オーロラ号で南極に向かいロス島のロイズ岬（南緯七七度三三分、一六六度〇九分）に小屋を建て、越冬を始めた。

越冬開始後間もなくの一九〇八年三月、地質学者のデビッド、物理学者のモーソン、医者のマッケイの三名が、エレバス山への初登頂を行い、山頂に大きな火口があり、その中には溶岩湖のあることを確かめた。

南極点を目指すシャクルトンら四名は一九〇八年十一月三日、越冬基地を出発し、ロス棚氷上を南進し十一月十九日南緯八〇度三二分に達し、ここでスコット隊の最南点を越えた。十二月五日にはベアドモア氷河を登り始め、その途中で針葉樹の化石や石炭を付近の岩山やモレーンの中で発見し、南極大陸にも、温暖な気候で生育する植物が成育した時代があったという貴重な証拠を得ている。一行は一月九日まで南進を続け、南緯八八度二三分を最南端として引き返している。南極点への到達こそできなかったが、極点付近は標高三〇〇〇メートル前後の平坦な氷原であるという姿を発見した功績は大きい。

南磁極をめざしたのはエレバス山に登頂した三名で、一九〇八年十月五日、ロイズ岬の基地を出発した。一行はマクマード入江を西に向かって横断した後、大陸の沿岸に沿って北上し、南緯七五・五度付近の現在のデビッド氷河の張出し口から大陸へと上陸し、南磁極を目ざして北西に進み、苦難の旅を続けた。一九〇九年一月十六日、一行はようやく南磁極に到達した。

◈南極点征服

南磁極や北磁極への到達は達成されたが、地球の南北の極点は依然として人類を拒み続けていた。シャクルトン隊の南緯八八度二三分への到達で、南極点付近の姿は十分想像できたが、たとえその科学的成果は低くとも、ひとつのけじめとして「南極点征服」は魅力があった。それまで極地探検に情熱を燃やし続けた人びとにとって、それは地球上に残された最後の、そして最大の冒険であり、目標となったのである。

一九〇九年四月六日、アメリカのピアリーにより北極点への到達がなされ、南極点征服の気運はますます大きくなり、そのエネルギーが一度に爆発したかのように、一九一〇年から一九一二年にかけて、三つの探検隊がロス海に集り、南極点を目指した。その三つの隊とはアムンセンの率いるノルウェー隊、南磁極に続き南極点も征服をという国民の願望を背負ったスコットのイギリス隊、そして白人以外の民族として初めて南極を目指した白瀬矗《のぶ》の日本隊だった。

北極点征服を目指し探検隊を組織していたアムンセンは、ピアリーの北極点到達のニュースが流れても、科学的調査を行うことを理由に、フラム号で北極に向け、一九一〇年八月、ノルウェーを出航した。しかし、大西洋のマディラ島に寄港したとき、アムンセンはその目標を南極点到達に変更することを乗組員に発表し、スコットにも打電した。突然の計画変更にみえるが、アムンセン自身はベルジカ号での経験を踏まえ、ロス以来の南極探検の記録を研究し、十分に準備をしていたのである。

一九一一年一月九日上陸地点として選んだロス海南東端の鯨湾に到着、二十一日には越冬小屋が完成し、二月十日までには資材の陸揚げを完了して越冬生活に入った。九名が越冬したこの基地はフラムハイムと呼ばれ、南極点まではおよそ一三〇〇キロメートルの南緯七八度三〇分に位置していた。極点へのルートに沿って食糧、資材の補給点を設け、百十六頭の犬を訓練し、装備を改良するなど、冬ごもりの間に、アムンセンは目的達成のために慎重かつ緻密《ちみつ》な準備を行っている。

一九一一年十月十九日、アムンセン5五名が、五十二頭の犬に四台のそりを曳《ひ》かせ、フラムハイムを出発した。旅行がすすみ積荷が軽くなると、弱った犬から食糧としていった。犬は旅行中の貴重な蛋白源《たんぱくげん》でもあったのだ。アムンセンの極点到達の成功は、その輸送力に犬ぞりを使用したことが大きな原因とされている。一行は順調に前進し、十一月十五日にはロス棚氷の末端に到着、大陸への上陸を果たし、十二月七日、シャクルトン隊の最南点を越え、十三日には南緯八九度四五分で極点到着前の最後のキャンプをした。

十二月十四日一五時、アムンセンの合図で前進を止め、測量をし、その地点を南極点と決定した。一行は測量をくり返し、極点の位置決定に正確さを期し、最終的にはこの点から五・五マイル進んだ地点を「南極点」とした。

十二月十八日に帰路につき、二十八日、南極高原に別れを告げ氷河を下りはじめ、一月六日、ロス棚氷上に達し、この付近で少量の岩石を採取し、一月二十五日、十一頭の犬とともに元気でフラムハイムに帰着した。その全行程は一八六〇マイル（約三〇〇〇キロメートル）で、長く厳しい旅であったが、それを九十八日間で達成したことになる。

◆スコット隊の悲劇

シャクルトン隊の南極点到達が失敗したことを知ったスコットは、まもなく極点征服を含めた

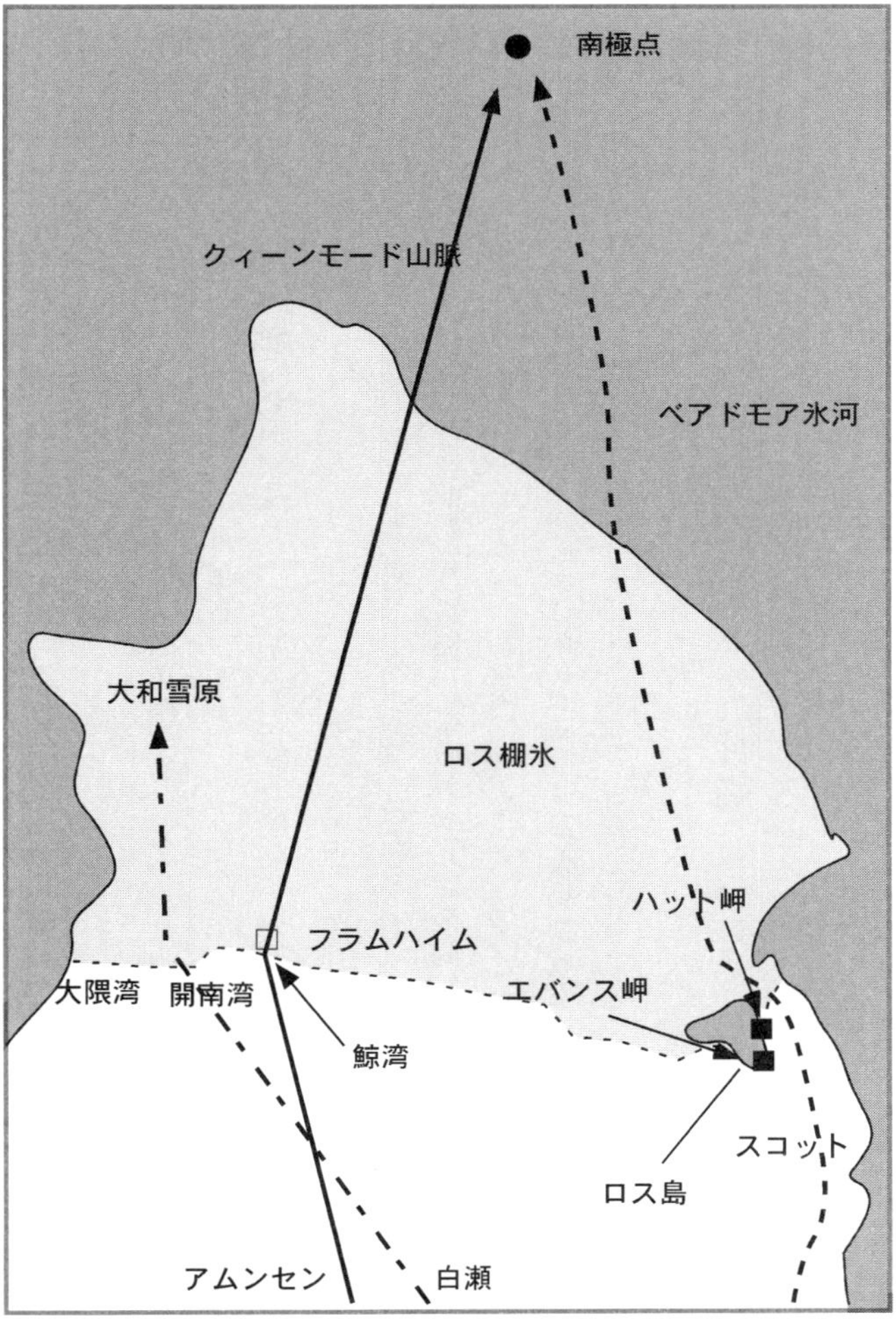
南極点
クィーンモード山脈
ベアドモア氷河
大和雪原
ロス棚氷
ハット岬
フラムハイム
大隈湾
開南湾
エバンス岬
鯨湾
スコット
ロス島
アムンセン
白瀬

南極点への道

南極の科学的調査を目的とする探検計画を発表した。一九一〇年六月十五日、テラ・ノバ号で出帆《しゅっぱん》し、十月十二日、オーストラリアのメルボルンに入港した。そこで「我南に向かう」というアムンセンからの電報を受け取った。

テラ・ノバ号は一九一一年一月二日、ロス海を南下し、エレバス山が見えだした。スコットは新しい基地を、前回のハット岬の北二〇キロメートル、ロイズ岬の南一〇キロメートルの海岸に選び小屋を建て、その地点を副隊長のエバンス中佐の名をとりエバンス岬（南緯七七度三八分、一六六度二四分）とした。一九一一年一月十八日から二十五名の隊員が、十九頭のポニー（シベリア馬）、三十頭の犬とともに、越冬を開始した。越冬生活を始めてすぐ、極点旅行に備えてのデポ（食料や燃料などの備蓄）作りが始まったが、このデポ旅行を通して、極点旅行の輸送力として期待した寒さに強いはずのポニーが、あまり役立たないことが分かった。

十一月一日、スコットは南極点への旅を開始したが、その隊の編成は、南極で初めて使用する機動力と期待されたトラクターの故障、予想外のポニーの衰弱などで次々に変更されていった。十二月二十一日、ベアドモア氷河を登りつめた標高二四〇〇メートルの地点に上流デポを設け、十二月三十一日には南緯八五度五五分、東経一六五度〇六分に、第三デポを置いた。一九一二年一月三日、スコットは極点まで行くメンバーをウィルソン、オーツ、ボワーズ、水兵のエバンスと自分自身の五名と決め、最後まで残っていたエバンス中佐ら三名のサポート隊も、一月四日、基地へと引き返した。

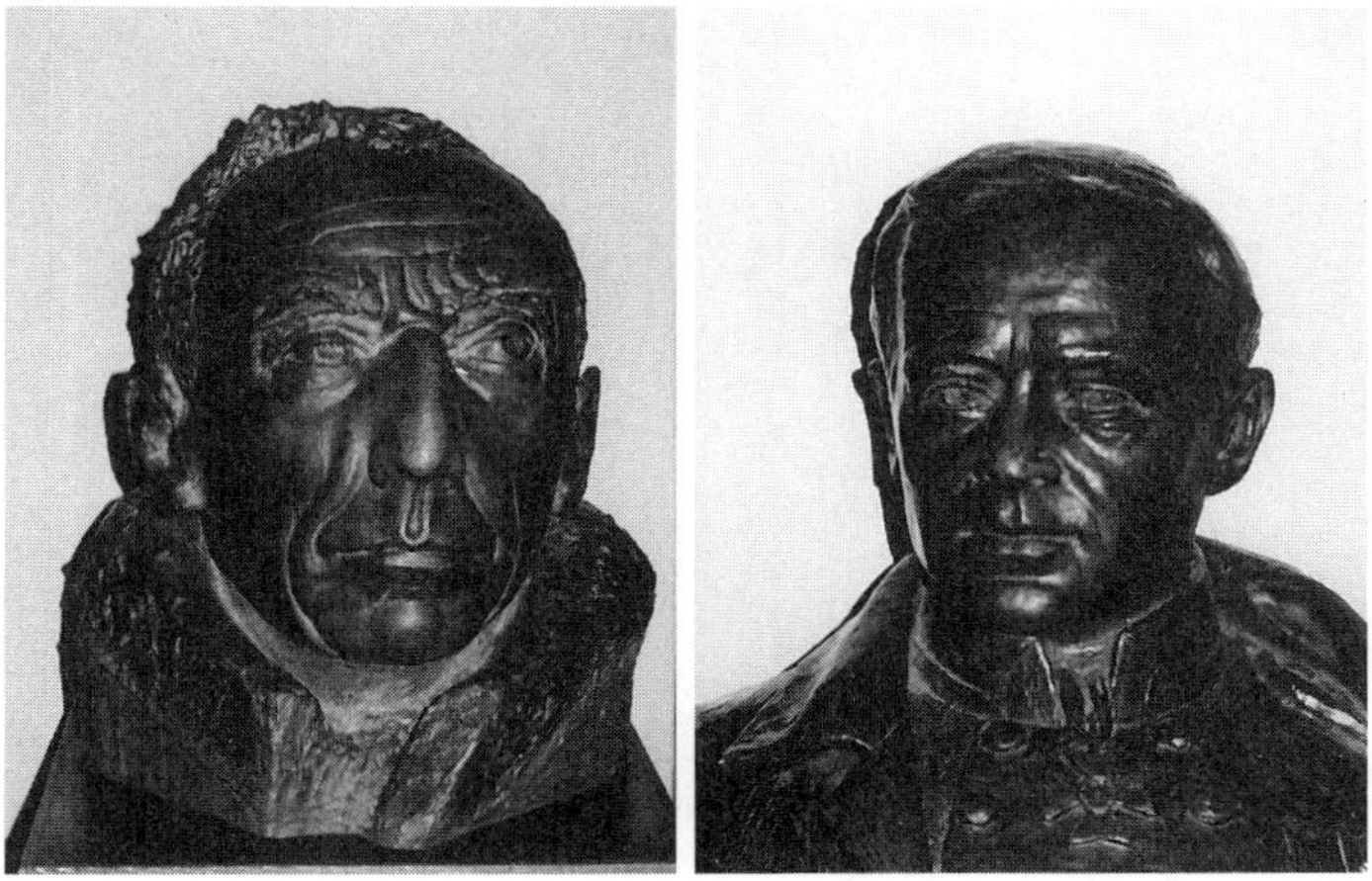

南極点征服の両雄、アムンセン(左)とスコット(右)

スコットの一行は一月十七日に南極点に到達したが、その前日の日記には、次のように記されている。

一九一二年一月十六日

キャンプ六八。標高二九三〇メートル、気温マイナス二三・五F。

最悪の事態が起った。午前中は順調に七・五マイル進み、正午には南緯八九度四二分に達した。明日は目的地に到着と意気込んで、午後も出発した。二時間程進んだ所で、ボワーズがケルンらしきものを見つけた。不安ながらも彼はそれをサスツルギに違いないと考えた。三十分後、彼は前方に黒い小さな点を見つけた。その点が自然の雪ではないことは一目瞭然《いちもくりょうぜん》だった。

……

ノルウェー人が我々の先を越し、南極点初到達をやったのだ。失望と仲間へのすまなさ。いういろな思いが去来し、話合った。とにかく明日は南極点まで進み、急いで戻らなければならない。……

一月十九日、帰途についた一行は苦労を重ねながらもベアドモア氷河まで戻り、そこで南極横断山地の地質調査を行っている。三五ポンドの岩石標本を携え、ロス棚氷上に戻った一行ではあったが、最終の一トンデポを目前に悪天候に悩まされ、ついに不帰の客となった。

◈日本初の南極探検

白瀬矗《のぶ》が南極探検の計画を発表したのは一九一〇年七月だった。日清、日露の戦争（中国やロシアとの戦争）に勝利し、新しい国家ができつつあった明治時代であるが、探検や極地について人びとの知識はほとんどなかった時代である。白瀬の南極点征服を目ざした南極探検は時代をはるかに超越した夢のような目的であった。約束されていた政府の援助も得られず、探検隊の資金集めに始まり、隊員集め、船の調達など苦労が多かったが、白瀬は強い意志で次つぎに生ずる障害を乗りこえて、探検隊は組織された。

一九一〇年十一月二十八日、白瀬以下十一名を乗せた二〇七トンの関南丸は、東京芝浦を出航した。現在その地は埋め立てられ、ビルと高速道路の間に没しているが、記念碑が残されている。関南丸はニュージーランドのウェリントンに寄航後、一九一一年三月三日、日本の船舶として初めて南極圏に突入したが、南極はすでに冬をむかえつつあり、浮氷群に前進をはばまれた。そしてついに三月十二日、大陸に近づきながらも、オーストラリアのシドニーに引き返すことにした。

　シドニーで半年間をすごした白瀬隊は、一九一一年十一月十九日、ふたたび南極へと向った。一九一二年一月、暴風圏を越え、ロス棚氷へと接近した。鯨湾近くの小さな湾に入り、そこから棚氷上へ上陸をはたし、その湾を開南湾と名づけた。棚氷の上にキャンプを設け、一月十九日、白瀬隊長ら五名が、そり二台を三十頭のカラフト犬に曳かせ南極点へ向けて出発した。寒風と、でこぼこのはげしい雪面に苦闘しながら九日間で約三〇〇キロメートル前進し、一月二十八日南緯八〇度〇五分を最南点として引き返した。白瀬隊の報告書である『南極記』にはその日の様子を次のように書いている。

秋田県金浦（このうら）町の浄蓮寺（じょうれんじ・白瀬の生家）に立つ白瀬像

「………夜半より二十八日午前零時半までの行程壱里《いちり》である。
　此地点が即ち我が突進隊員一行が到達したる最終の所である。気温を験すると正に摂氏《せっし》零下十九度半………
　経度は毎日午前八時に

測定する筈であるから武田部長は時針の午前八時を報ずると共に観測を遂げた結果、此地点は西経一五六度三十七分であることを知った。然し緯度は正午にならなければ分らぬのである。………時針の正午を指すのを待って武田部長は緯度の観測を遂げた結果南緯八十度五分なるを知った。………隊長は此露営地を中心として目の届く限り渺茫《びょうぼう》際なき大雪原に『大和雪原《やまとゆきはら》』と命名した。………」(原文のまま)

白瀬隊が持ち帰った岩石は採取したペンギンの腹から取り出した小石だけであった。白瀬は南極に達しながら一塊の岩石も持ち帰れないことを悔やんだ。しかし現在、大和雪原はロス棚氷の一部分と判明している。海の上だったので岩石が採取できないのは、仕方のないことだった。

6 ＊ 航空機時代

◈科学調査の場へ

極点到達が達成されると、大陸横断という冒険旅行は残っていたものの、南極は冒険・探検の場から科学調査の場へと移り、第一次世界大戦によって発達した飛行機、カメラ、ラジオなどの新しい技術が、南極での探検・調査に次々に使われだした。

バードの胸像

南極の空を初めて飛行したのは、オーストラリア生まれで、アメリカの援助で探検隊を組織したウィルキンズで、一九二八年十一月二十八日、デセプション島から飛び立った。しかし、南極での飛行機の使用についての最大の功労者は北極点飛行（一九二六年）、大西洋横断飛行（一九二七年）を続けて成功させたアメリカのバードである。ライト兄弟が一九〇三年十二月、初めて空を飛んでから四分の一世紀後に、自然条件の厳しい南極でも、飛行機が有効であることが証明された。

バードは民間の南極探検隊を組織し、一九二八年に鯨湾に到達し、アムンセンと同じように、棚氷上に越冬基地リトルアメリカを建設した。バード隊は飛行機により空から写真撮影を行いながら、内陸の調査をすすめるとともに、犬ぞりによる地上からの調査も行い、さらに一九二九年十一月二十九日、リトルアメリカから南極点への往復無着陸飛行にも成功した。バードは別の探検隊を組織し、一九三四年にもリトルアメリカで越冬し、同じような調査を続けた。このアメリカ隊の活躍で、南極大陸の西半球側の内陸氷原の姿が明らかになっていった。マリー・バードランド、ロックフェラー高原など、この地域に残るアメリカ人の名前をとった数多くの地名は、おもにバード隊が自分の家族や支援者の名をとり命名したものである。

一九七九年十一月二十八日、アメリカのマクマード基地ではバード少将の南極点初飛行から五十周年にあたる記念行事を翌日に控え、なんとなく落ち着かない雰囲気が漂っていた。バード少将の孫、バード隊の存命者も、ニュージーランドからマクマード基地へ到着した。その日の午後六時、基地内にはニュージーランド航空の南極観光機が行方不明というニュースが流れた。

同日午前七時、ニュージーランドのオークランドを離陸した大型ジェット機DC－一〇は正午頃マクマード基地の上空に達したが、一二時五〇分の交信を最後に行方不明となった。同機の燃料は午後八時頃に尽きる見込みである。マクマード基地の大型プロペラ機C－一三〇ハーキュリーズ一機とヘリコプター二機が探索中であるが、行方不明機の発見には至っていないという内容である。

行方不明機は翌二十九日午前一時三〇分頃、捜索中の飛行機によってエレバス山北側斜面で発見された。ただちにニュージーランドのスコット基地から、山の専門家三名がヘリコプターで現場に急行し、バラバラになった機体とその現場の惨状から生存者の可能性のないことが確認された。日本人二十四名を含む、乗客乗員二五七名の墓標が南極に建つことになった。

バード隊ほどの規模ではないが、オーストラリア、ドイツなども、飛行機を使って南極大陸の調査を行った。ノルウェーも水上飛行機を飛ばし、一九三七年、現在の昭和基地付近一帯の写真撮影に成功している。その結果、一九三〇年代の後半には、南極大陸の海岸線のかなりの部分が、人類に確認され、その全体像が浮かびあがってきた。

◆主要な輸送手段

その後、航空機は南極での主要な輸送手段となっている。特にアメリカは国際地球観測年に備えて設けた内陸基地への人員輸送や資材の運搬は、すべて固定翼機（飛行機）とヘリコプターに依存している。この航空機による輸送は短い時間で、移動が可能という利点がある。研究者にとって、この時間の短縮は、なによりの魅力となっている。昭和基地までは、観測船「しらせ」で東京港を出発して約一か月の船旅である。最終寄港地のオーストラリアまで民間の航空機を利用したとしても、昭和基地に到着するまでは、二～三週間を要する。

これに対し、マクマード基地へは、ニュージーランドのクライストチャーチまでは民間航空機で飛び、クライストチャーチからアメリカやニュージーランドが南極観測のために運行している定期便に乗って行く。クライストチャーチからの南極便は天候に左右されるので、運が悪いと一週間も待たされることがある。順調に飛べば、クライストチャーチからジェット機で五時間、プロペラ機で八時間の飛行で南極の氷を踏むことができる。

私は十一回、マクマード基地へ飛んだが、そのうち一度だけ、日本を出発してから三九時間で南極に到着したことがある。これはたぶん、日本から南極までの最短時間ではないかと思う。

航空機は便利である。日本隊も小型機を使い調査や人員・物資の輸送を行っている。日本からも昭和基地へ飛行機で行くべきだという意見も少なくない。しかし、大型機の運行を安全確実に実施するには、それに応じた設備、燃料補給などの支援体制がなくてはならないので、莫大な費用が必要となる。

アメリカの場合、南極観測に要する費用は日本の約十倍である。その九〇パーセントが航空機および船の運航経費という。とにかく航空機は費用がかかるので、南極に基地を所有する複数の国が協力して、飛行機を運行しようという案も出てきている。南極へ飛行機で行くというのも時代の流れである。

バードの時代にくらべ航空機の安全性も格段に進歩したことは事実である。しかし、南極の自然の厳しさは少しも変わっていない。ニュージーランド航空機事故の時点で、アメリカの南極観測における航空機事故は五十件を数えた。年平均二件以上の事故が起きていたことになる。航空機事故は起こると、ほとんど人の命が失われることにもなる。文明の利器の利用に際しては、便利さの追求ばかりではなく、自然に対する謙虚さも持ち続けたい。

7 ＊ 南極と戦争

◈領土権の主張

一九三九年九月、ドイツ軍がポーランドに侵入して、ヨーロッパに戦火が広がり始め、第二次世界大戦の幕あけとなった。一九四一年一月十三日から十四日にかけ、南極海で鯨を捕っていたノルウェーの一四隻からなる捕鯨船団合計四万トンの全船舶が、ドイツ海軍の軍艦によって捕獲されるという事件が発生した。この思いもよらぬ事件で、アメリカ、イギリス、フランスなど世界の列強諸国は、南極大陸や周辺の海域も、軍事作戦の中にくみ入れる必要があることを考え始め、南極にも戦争の時代がやってきた。

ドイツの潜水艦隊は南インド洋のケルゲレン諸島を本国からの補給船との会合点としていた。同島を拠点として補給、休養をして出撃を繰り返し、オーストラリアのシドニー、メルボルン、アデレードなどの港に機雷を敷設したり、オーストラリア、イギリス、アメリカなど連合国の艦隊を攻撃したりした。

南極大陸や周辺の島じまの領有は、かつての探検の実績により主張されているが、一九〇八年、イギリスが南極大陸の領土権を初めて公式に宣言した。スペインから独立したアルゼンチンとチリは、スペインの有していたすべての権利を継承するとして、南極の領有を宣言していた。このようにして南極半島付近一帯は、イギリス、アルゼンチン、チリの三国が重複して領有を主張する地域となった。

一九四三年一月にイギリス海軍は南極で最も良い港といえるデセプション島を偵察し、そこに約一年前にアルゼンチン海軍によって設置された領土宣言を記した真鍮の標板を発見した。イギリス軍はただちにこの標板を撤去し、自国が領有している宣言を記した標板を立てた。このようにして、イギリスとアルゼンチンのデセプション島における領土宣言の争いが始まった。一九五二年二月一日には両国の海軍がはちあわせをして、アルゼンチン軍がイギリス軍へ発砲するという事件まで起きた。イギリスとアルゼンチンにチリが加わり、デセプション島を含むサウスシェトランド諸島の領有をめぐる紛争は、南極条約が調印されるまで続いた。しかしその後も確執は続き、南極条約が適用されないフォークランド諸島やサウスジョージア諸島については、一九八二年四月にもイギリスとアルゼンチンの間で戦争が起っており、世界中の人々が南極地域の領有に関する問題が深く潜在していることを、あらためて知らされた。

一九四四年二月、イギリスはデセプション島とその南三六〇キロメートルにあるウィーンケ島に、翌年二月にも南極半島先端のホープ湾にそれぞれ基地を設けた。第二次世界大戦はイギリスにとって有利な展開になっていたにしても、大戦中に、本国から遠く離れた南極に軍人の手により基地を建設したのは、それだけ重要な地点と考えたためである。ちなみにイギリスの南極政策は、海外の植民地の確保と位置づけられ、海軍省が担当していたが、その後植民省に移管された。

◈パラダイスへの一歩

一九五七年の国際地球観測年によって、南極大陸への主権は大きな変換期を迎えることになる。次章で詳しく述べるように、国際地球観測年を契機として、南極条約が締結された。南極条約は科学活動に限り、領土権の主張を凍結した。さらに南緯六〇度以南での軍事目的の行動をすべて禁止し、科学者の交流をすすめている。日本も南極条約の原署名国である。日本が南極条約を遵《じゅん》守《しゅ》する限り領土権を主張する国ぐにの基地への訪問は自由である。ビザも不要である。

私はこれまでにアメリカ、ニュージーランド、チリ、アルゼンチンなど、十数か国の南極基地を訪れた。どの基地へ行くのも自由である。安全確保と相手の都合を聞くため、事前に連絡はするが、原則的に許可を得る必要は無い。こんな自由な南極を、私は「政治的パラダイス」と呼ぶことにしている。「政治的パラダイス」の南極は、二十一世紀の人類のあり方を示唆《しさ》していると考えても過言ではなかろう。

第二章　氷の大陸

1 ＊ 氷の厚さ二〇〇〇メートル

◈各国の南極への進出

アメリカは各国の南極への領土権の主張に対し、「新しい陸地の発見は、たとえ領有の公式な手続きをとったとしても、領有を主張する国の国民が居住しないかぎり、有効な主権の主張にはならない」という見解をとっていた。アメリカ合衆国政府はこの見解にしたがって、南極の領有権を目ざし、永久占拠と科学調査のための探検隊を派遣することを一九三九年に決定し、その総指揮官に南極点初飛行のバードを指名した。この探検隊は、西部基地としてバードが設けていたリトルアメリカ基地の近くに、リトルアメリカⅢを、東部基地は南極半島のストニントン島に設け、一九四〇年から一九四一年にかけて、それぞれ三十三名と二十九名が越冬し、気象、地磁気、オーロラなどの観測を続けるとともに、内陸の調査旅行や飛行機による空中写真の撮影などを実施した。その後、このアメリカの計画は第二次世界大戦で中断していた。

戦争が終り、アメリカはそれまでの南極の永久領有という方針を改め、海軍により南極の観測や調査を続けようと、新しい構想のプロジェクトを始めた。そして「ハイジャンプ作戦」、「ウィンドミル作戦」と名づけた二つの調査が実施された。

第二次世界大戦が終結した直後から、イギリスは南極の領土権を主張する根拠となる基地建設を推進し、領土権を主張している南極半島付近に合計五基地を維持していた。そして、それまでの海軍省にかわり植民省がこれを担当するようになった。南極植民地構想の一環である。

アルゼンチンは一九四七年、南緯六四度二〇分、西経六二度五九分のガンマ島にメルチオール基地を設け、一九五五年までには南極半島に六基地を建設して、毎年、約七十名が越冬を続けていた。チリは一九四七年にサウスシェトランド諸島のグリニジ島に基地を建設したのをはじめ、一九五五年までに四基地を設け、約三十名が越冬を続けていた。オーストラリア、フランス、南アフリカも南極大陸や周辺の島じまに越冬基地を設け、気象、地球物理、生物などの科学観測を始めている。

一九四七〜四八年の「ハイジャンプ作戦」、一九四八〜四九年の「ウィンドミル作戦」はともに、地図作りのための大規模な調査であった。ハイジャンプ作戦では四千八百名の人員、十三隻の艦船、二十一機の航空機が動員された。南極大陸周縁の海岸線の六〇パーセントを占める地域の空中写真撮影を行った。その間には数多くの地理学的な発見もなされた。

「ウィンドミル作戦」は「ハイジャンプ作戦」で撮影された写真の位置を、地球上の緯度と経度で正確に決めるための作業が行われた。地図を作る空中写真は撮影に際し、地上に目標物を設置する。そして、写真撮影された目標物の露岩地域にヘリコプターで人を運び、そこで天文測量を実施してその点の位置（緯度と経度）を決めるのである。このようにして、南極大陸沿岸地域の露岩の位置が次々に決められていった。

◈国際地球観測年前夜

一九四九〜五二年にイギリス、ノルウェー、スウェーデン三国は協力して、南極の調査を行う探検隊を組織した。この三国共同探検隊は南極大陸の内陸地域へ初めて科学のメスを入れることになる。現在、昭和基地が建設されている地域のドローニング・モードランドの一隅にモードハイム基地（南緯七一度、西経一一度）を設け、二年連続越冬をして調査を進めた。この探検隊は内陸で人工地震観測を実施するなどして、多くの学術的成果を得た。さらに三国の隊員で構成される混成の集団でも互いの融和がはかれることを示し、その後、南極において国際共同観測が重要視され、強力に推進される礎となった。人工地震観測は南極大陸の氷床の厚さや地下の構造を調べる目的で実施された。そして南極氷床は二〇〇〇メートルを超える厚さのある地域があることを明らかにした。氷の厚さ二〇〇〇メートルは、当時の知識では考えも及ばない事実で、人々を驚かせた。

一九五七年七月からの国際地球観測年を実施し、南極地域の観測はその重要項目であることが決まり、関係各国がその準備を始めたのは、一九五〇年代の前半であった。いわば国際地球観測年前夜というべきその頃までに行われた数々の探検や調査により、第七の大陸・南極について次のような知見が得られていた。

一、南極大陸を覆う氷は厚く、厚さが二〇〇〇メートルを超える地域がある。また、氷床表面の標高が二五〇〇メートルに達する地域もある。
二、プレカンブリア時代（五億七〇〇〇万年以前）の岩石があり、非常に古い大陸である。
三、グラハムランド（現在の南極半島）は比較的新しい時代の地質構造で、環太平洋の島弧に似ている。
四、活発に活動する火山がある。
五、植物化石や石炭は十九世紀末から発見されており、南極でも現在より暖かい時代があった。

広大な地域の中の一パーセントにも満たない場所での調査結果からの推論であるので、定量的な推定はほとんどなされていない。しかし、定性的にはその後に得られた知識と大差はなく、現在とは比較にならない貧弱な器械を使っての調査にもかかわらず、正しい知識が得られていたことに科学調査の威力を痛感させられる。

2 ＊ 国際地球観測年

◈国際極年の実施

地球上に起るいろいろな自然現象をくわしく知るには、その現象が起こる地域の全域で同時に観測する必要がある。一般にその広さは東アジア大陸、西太平洋というような広大な地域となる。

ひとつの例として、天気予報について考えてみる。最近は気象衛星の写真がテレビでも放映され、日本に居ながら、西側の中国大陸をはじめアジア大陸や太平洋さらには南半球の雲の動きも分かるようになった。雲の動きを示す写真の上に重ねられる天気図は、地上で観測した気象データをもとに作成される。現在は、中国やロシアからも、国際的に決められた形式によって、気象データが送られてきて、天気図が作られ日本の天気予報が出されている。

しかし、第二次世界大戦が終った後しばらくは、中国大陸の気象情報はほとんど入ってこなかった。もちろん当時は現在のような人工衛星のデータもなかったので、気象庁の前身の中央気象台は、日本の天気に大いに影響のある西のほうの気象情報が分からないまま、日本付近のデータだけから天気予報を発表していた。それだけに天気予報を出す苦労も多かったし、出した予報のはずれる確率も高かった。戦争をしている国は、気象情報や地図情報を重要な秘密データのひとつとしており、自国のデータを外国に送らないのが当たり前であった。第二次大戦中、日本では軍事施設はすべて白抜きとなり、地図には印刷されなかった。

気象、地磁気、地震のような地球物理学的な現象は、アメリカやロシアのように国土の広い国でも、自国のデータだけでは実用にも研究にも十分ではない。このことに気がついた科学者の要請により実施されたのが国際極年（ＩＰＹ：International Polar Year）で、第一回は一八八二年、十二か国が参加し、中緯度地域で三十四か所、北極地域十三か所、南極地域一か所に観測所を設け、オーロラ、地磁気、気象などの共同観測が行なわれた。南極地域ではドイツがサウスジョージア島に基地を設けた。この第一回の極年のときは、日本は明治の文明開化の荒波の中で、発展途上国のひとつであったので、参加する余裕も力もなかった。

第一回ＩＰＹから五十年の間をおいて一九三二年に実施された第二回ＩＰＹも北極地域の観測に重点がおかれ、四十四か国が参加し、日本も参加した。南極地域ではケルゲレン島とサウスジョージア島での越冬観測が実施された。

◈国際地球観測年へ

第二次世界大戦が終ったとき、航空機、写真、電子などの広い分野で世界の科学技術は急速に進歩しており、その技術を使っての宇宙や地球に関する学術研究の進歩もいちじるしいものがあった。両極地域を含めた地球物理学の研究をいっそう発展させたいという要求は、第三回ＩＰＹの開かれる一九八二年を待っていられなくなった。

第二回ＩＰＹから、五十年後に行なう予定だった第三回ＩＰＹを二十五年後の一九五七年から実施することが、一部の科学者から提案された。名称も、国際地球観測年（ＩＧＹ：International Geophysical Year）として、極地ばかりでなく、全地球上で、一九五七年七月一日から一九五八年十二月三十一日まで共同で地球物理学全分野の観測を堆進することが、科学者による国際会議である国際学術連合会議で決定された。そして、当時はまだ未知の事柄が多かった南極大陸の調査の必要性が理解され、南極観測は特に重点がおかれ、重要な観測項目の一つとなった。

そして南極観測には、アルゼンチン、オーストラリア、ベルギー、チリ、フランス、日本、ニュージーランド、ノルウェー、南アフリカ、イギリス、アメリカ、ソ連の十二か国が参加を表明した。気象、オーロラ、地磁気、地震など地球物理学の諸分野の共同観測を目的に、この十二か国によりいくつかの既存の基地を含め、南極大陸と周辺の島じまに約六十か所の基地が設けられた。なかでも南極大陸の内陸地域での越冬観測は最も重視され、アメリカが南極点、ソ連（現ロシア）は南磁軸極（南緯七八・六度、東経一一〇度）や到達不能極（南緯八二度、東経七五度）、フランスは南磁極（一九六二年の位置、南緯六六・五度、東経一四〇度、シャルコー基地）にそれぞれ観測基地を建設した。アメリカとソ連はさらに数か所の基地を設け、南極大陸内で初めての越冬が始まった。長い間、未知の大陸として人類を拒み続けてきた南極大陸にも、ようやく本格的な科学のメスが入れられることになった。

IGYの一年半の南極観測は、超高層物理、気象、雪氷、地球科学などの各分野で大きな成果をあげ、終止符が打たれた。各国の科学者たちはIGYで得られた多くの新しい事実が、互いのデータや情報を自由に交換できる平和な環境の中で実施された国際共同観測の結果であることを痛感した。南極観測も、国際協力によりさらに継続する要望が関係者から強く出され、IGYの翌年の一年間を国際地球観測協力期間として、多くの基地で越冬観測が続けられた。

IGYが始まった直後の一九五七年九月、国際学術連合会議の中に南極研究特別委員会という分科会が設けられ、国際協力による南極観測を推進するようになった。この特別委員会は一九六一年に南極研究科学委員会（SCAR）と改称され、その後の南極観測の方向を討議し、現在に至っている。

3 ＊ 昭和基地

◈日本の参加

国際地球観測年の南極観測に日本が参加することを正式に表明したのは一九五五年で、この頃には各国の準備はかなり進んでおり、基地の建設予定地もほぼ決まっていた。国際学術連合会議で、日本が基地を建設する候補地として要望されたのは東南極のエンダービーランド、西南極のベリングスハウゼン海沿岸域、ピーターI世島の三地域であった。日本の希望はあくまでも大陸での越冬観測だった。一九三七年、ノルウェーによって水上飛行機から写真撮影されていたエンダービーランドを基地建設の候補地とした。前人未踏の地ではあったが、空から多少の情報は得られていた。

一九五五年といえば日本は食料も十分ではなかったが、第二次世界大戦の荒廃からようやく立ちなおり始めた頃だった。国として純学問の目的で多額の費用を南極観測に注ぎこむ余裕があったわけではないが、科学者と学界指導者の熱意が政界を動かし、実現した。同じ敗戦国であったドイツは、南極観測二十五年目の一九八一年に、ようやく基地を建設し越冬観測を始めたし、イタリアの参加も一九八〇年代後半になってからである。敗戦国として、またただひとつの非白人国として、南極観測を始めた日本の科学界の指導者の先見は、すばらしかったと改めて感ずる。南極観測を実施するに当たって特筆に値するのは、南極に持参した物品は飛行機以外はすべて国産品だったという。航空機産業はまだ復活していなかったようだが、日本人にとって未経験の雪上車も国産であった。

◆昭和基地の建設

一九五六年十一月八日、永田武東京大学教授（当時）を隊長とする第一次日本南極地域観測隊（以下、第一次隊のように略す）は、海上保安庁所属の砕氷船「宗谷《そうや》」で東京港を出港、シンガポール、ケープタウンを経て、南極へと向かった。翌年一月二十四日、「宗谷」はプリンスハラルド海岸沖の定着氷に接岸し、飛行機での偵察によりオングル島を基地建設の候補地とし、建設作業が始まった。「宗谷」の停泊地点からオングル島までの氷上輸送ルートが、犬ぞり隊と雪上車隊とにより捜されたあと、一月二十九日、現在は昭和平と名づけられている西オングル島北東部の平坦地で上陸式が行われた。南極の地に白瀬隊以来、四十五年ぶりに日の丸がひるがえり、オングル島を中心とするこの地域一帯を「昭和基地」と命名した。昭和基地は正式には建物のある地域だけでなく、ラングホブデを含むリュツォ・ホルム湾の北東沿岸域一帯を指すのである。

しかし、最初の上陸地点は雪上車による資材の氷上輸送には遠すぎるので、建物は東オングル島北側の現在地（南緯六九度、東経三九度）に建設されることになった。二月一日から昼夜兼行の雪上車輸送により、燃料三四キロリットルを含む一五一トンの物資が輸送され、十六キロワット発電機の備わった発電棟や三棟の居住や観測用の建物が建設されて、十一名による第一次越冬隊が成立した。第一次隊は予備観測隊と呼ばれたが、ＩＧＹは一九五七年七月一日に始まった。

ＩＧＹ本観測の第二次隊は昭和基地北方海域の氷状が悪く、「宗谷」が密群氷に閉じ込められた。当初十七名を予定していた越冬隊は縮小に縮小が重ねられ、最後は五名での越冬を決意し、天候の回復を待った。しかし、日本隊への自然の試練は厳しく、昭和基地へ越冬隊を送り込むチャンスはもちろん、新しい越冬隊のために残してあった犬をつれ戻すことすらできなかった。小型飛行機で第一次越冬隊を収容したのみで、残念ながらＩＧＹの一年間になる第二次隊の越冬は中止された。

昭和基地では越冬できなかったが、他の基地ではそれぞれ成果があがっていた。ＩＧＹの成功で、その観測体制を継続する目的で、一九五九年一年間を国際地球観測協力年として、南極観測はもちろん、ほかの地域での地球物理学の諸観測も実施された。昭和基地へは第三次隊が送られた。前年の失敗から、船と基地の間の輸送手段として二機の大型ヘリコプターが導入された。この年も氷状はよくなかったが、越冬に必要な最低限の物資として五七トンが空輸され、十四名による越冬隊が成立した。この時、第二次越冬隊が昭和基地に残してきた十五頭の犬のうち、「タロ」「ジロ」が生きていたことは観測隊ばかりでなく、日本の全国民にとって大きな感動を呼び起こした。「タロ」「ジロ」の物語は、一九八〇年代になって映画化され、南極観測が改めて全国民の話題となった。

◈昭和基地の閉鎖と再開

第四次・第五次隊と三年間の越冬観測を成功させ、一九六二年の第六次隊の手により、昭和基地は閉鎖された。この間の南極観測はあくまでもＩＧＹのための臨時の体制であった。

1980 年代前半の昭和基地

昭和基地は閉鎖されたが、日本国内では南極観測再開の準備が進められた。南極観測に対処する国内組織が作られ、「宗谷」にかわる新しい砕氷船「ふじ」が建造され、海上自衛隊によって運航されることになった。一九六五年に日本の南極観測は恒久体制が整い、昭和基地は再開された。「宗谷」時代の輸送量は一五〇トンに過ぎなかったが、「ふじ」では五〇〇トンの資材が送れるようになった。第七次隊から昭和基地の再建が始まり、第十一次隊までの間、基地は拡張され続けた。まともな便所もなかった昭和基地に水洗便所が設置され、上下水道の設備もつき、居住条件、生活条件は大幅に改善された。

第九次隊による南極点往復旅行の成功は、日本の大型雪上車が内陸高原でも十分使えることを証明した。基地での観測はオーロラへ向けてロケットを打上げるほどに発展し、内陸のみずほ高原一帯から、やまと山脈へと調査領域は拡大されていき、内陸に「みずほ基地」も建設された。

一九八一年十二月十二日、第三代目の砕氷船「しらせ」が進水し、日本の南極観測は次の世代へと入った。老朽化した建物は次々に撤去され、新しい建物が建てられ、居住条件はさらに改善された。十一メートルのパラボラアンテナに代表されるように、観測設備も充実していった。調査域は西のセールロンダーネ山地にまで拡大し、そのために「あすか基地」が設けられた。また内陸の氷床調査のために、「ドームふじ観測拠点」も設けられ、越冬も行われている。

科学基地としての昭和基地は観測所として、内陸調査の拠点としてその価値は増しこそすれ、減ずることはない。

4 ＊ 南極条約と環境保護

◈恒久的な平和利用

国際地球観測年で科学オリンピックとして始まった南極観測が恒久的な体制をとり始めると、そこには当然、領土権の問題をふくめた国際的な政治問題が生じてくる。

たとえば日本が昭和基地を建設した地域は、一九三七年の調査に基づきノルウェーが領土権を主張している。日本が恒久的に昭和基地を維持していくとすれば、ノルウェーからみれば日本が自国の領土に侵入していることになる。また、領土権を主張する国が、自国の領土だからといって、軍事基地を建設したり、兵器開発の実験や核実験をしたら、未知の大陸はたちまち荒廃してしまう。そこでアメリカは、南極の平和利用を目的とした条約を結ぶことを、南極観測に参加していた十一か国に提唱した。条約の討議が重ねられた結果、一九五九年十二月一日、南極条約が各国代表により署名され、各国政府の批准《ひじゅん》を受けて、一九六一年六月二十三日から発効した。科学者の提唱によって締結された珍しい国際条約である。条約は三十年間の期限つきで、その骨子は次の内容である。

① 南極地域は平和的な目的にのみ利用する。いかなる軍事的な目的の利用も認めない。
② IGYで実現した、南極地域における科学調査の自由、そのための国際協力は継続する。
③ 科学的調査についての国際協力を推進するため、計画についての情報の交換と、科学者や得られたデータの交換を推進する。
④ すべての領土主権や領土請求権を条約の期間中は凍結する。
⑤ 南極大陸における原水爆実験や核物質の廃棄を禁止する。
⑥ 条約加盟国は自由に他国の基地を査察できる。

南極条約は十二か国によって締結されたが、その後、加盟する国が増え、二〇〇〇年までの条約加盟国は四七か国となっている。十二か国は南極条約原署名国と呼ばれ、南極点の標識を囲むようにその国旗がいつも立てられている。この条約を守っている限り、南極内での活動の自由は常に保証される。日本の科学者がアメリカのマクマード基地やニュージーランドのスコット基地など外国の南極基地に滞在し、研究や観測を継続しているが、それは国際協力のひとつの典型である。日本隊にも外国の科学者が参加し、毎年のように昭和基地を訪れている。

どこの国の基地を訪れるにも、その国のビザは不要であり、基地内の施設は自由に見せてくれる。科学観測に最も必要な平和と国際協力は、南極観測では立派に実現している。各国が南極条約を守る限り、南極はいわば国際社会における現代の理想郷、「政治的パラダイス」といえよう。

◈新たな問題

一九九一年六月二十三日、南極条約は発効から三十年目を迎えたが、同条約の改正に関する提案は加盟国からなされず、発効時の精神はその後も継続され今日に至っている。南極への人々の関心が増大し、そこでの活動が増えてくると、新しくさまざまな問題が浮上してくる。南極条約を維持するために生ずるこれらの課題を討議する場として、南極条約協議国会議が設けられている。これは条約加盟国の中で、実際に南極観測を実施している国々によって構成されている。

南極条約協議国会議では南極の資源や生物環境を守るため、「南極のアザラシの保存に関する条約」（一九七八年）、「南極の海洋生物資源の保存に関する条約」（一九八二年）などを発効させてきた。一九七〇年代前半から南極の地下資源について各国の強い関心が寄せられ始めていた。一九八〇年代にはアメリカの石油会社による石油の試掘がなされるのではという状況であった。また南極観光についても同じような状況で、何の規制もなく一九九〇年代には毎年一万人の観光客が南極を訪れている。地下資源や環境保護の立場から何らかの手段を講ずる必要に迫られていた。

南極条約協議国会議では、一九八〇年代からこれらの問題を討議してきたが、一九九二年までに「環境保護に関する南極条約議定書」が採択された。採択前、科学者からは多くの要望が出されていた。その主旨は環境保護の必要性は理解するにしても、そのために南極での観測や調査が制約を受けるのでは困るというものだった。科学者の希望もなるべく取り入れ、議定書は採択にこぎつけた。この議定書は本文一七条と五つの付属書からなり、その骨子は次のような内容である。

本文

・南極の環境及び生態系の保護
・南極地域固有の価値の保護
・鉱物資源に関する活動の禁止
・南極条約地域（南緯六〇度以南）におけるすべての活動の環境への影響評価

付属書では本文の主旨を実行する具体的な方法や規定が述べられている。たとえば付属書Ⅴでは、「南極特別保護区または南極特別管理地区に指定された場所における活動の規定及び歴史記念物の保護などの規定」で、その目的のためには観測隊の活動も観光客の動きも、制限を受ける。

この議定書は一九九九年一月十四日に発効し、日本では一九九九年十一月に日本を出発した第四一次隊から適用を受けている。南極に行く人は全員、出発前に南極条約地域でのすべての活動につき、環境影響への評価を受けねばならない。活動の内容によっては、実行が禁止されることもある。

また南極を汚染から守るため、「自分たちが持ち込んだものはすべて持ち帰る」つまり「南極にゴミを残さない」ことが大前提となった。

南極条約では学術的に貴重な地域を保護したり、科学的調査を保証する必要性から、「特別保護地域（SPA：Special Protected Area）「特別科学関心区（SSSI：Site of Special Scientific Interest)」が定められている。議定書の主旨により、これらの地区は「南極特別保護地区（ASPA：Antarctic Specially Protected Area)」「南極特別管理地区（ASMA：Antarctic Specially Managed Area)」として保護、管理される。

南極が人類共通の財産であり、人間活動による汚染や破壊を最小限にくい止め、次世代に伝えていくために、この議定書が効力を発揮してくれることを願う。

第三章　ロマンの大陸

1 ＊ 観測隊で学んだこと

◈男社会

ＩＧＹからおよそ十年間、一九六〇年代までは南極は男社会であった。南極大陸の基地の中では平均気温マイナス一〇℃と、比較的暖かい昭和基地ではあるが、それでも自然環境は厳しく、年間を通じての水不足、トイレなしなど、そこでの生活は大変だった。

一九七〇年代に入ると、アメリカ、ニュージーランドなどの基地には女性が進出するようになってきた。一九八〇年代、東洋の国々のインド、中国、韓国が南極に基地を設け、夏期間だけではあるが、最初から、多くの女性が参加していた。昭和基地へも一九八七年に日本を出発した第二九次夏隊に初めて女性が参加したが、越冬はしていない。女性が初めて越冬したのは一九九〇年代も後半になってからである。そのあたりの事情は昭和基地で初めて越冬した二人の女性の著書『南極で暮らす』（岩波書店）の解説に私が詳述してあるので、重複はさける。

とにかく昭和基地は三十年間、男社会であった。多くの越冬隊員が、一日三食、一年三六五日、同じ顔ぶれで食事をする。サラリーマン家庭では家族ともこんなに食事はできない。不自由でありまた特殊な環境の中で培《つちか》われた知恵は南極ばかりでなく、帰国後もそれぞれの人間形成や社会生活に役立っている。そのいくつかを述べてみる。

◈予防の大切さ

南極で怖いのは越冬中の事故である。閉鎖社会であるから、なにが起こっても自分たちだけで対処しなければならない。第四次越冬中の一九六〇年十月十日、昭和基地では福島伸隊員がブリザードの中で行方不明になり、同月十七日に生存の見込みがないので死亡と確認された。遺体は八年後の一九六八年二月になって発見された。最後にその姿が確認された基地内の場所から西へ約四キロメートル離れた、西オングル島西端の岩盤の窪地に横たわっていた。遺体発見の報に、現場に駆けつけたのは越冬が終わったばかりの第八次隊の鳥居隊長で、遭難が起こった第四次隊でも越冬隊長だった。「福島君のはずされた腕時計を手にすると（自動巻なので）突然、カチカチと動き出し、生き返ったのではと錯覚したほどだった」、「第四次隊の仲間が五人もいる第八次隊の帰国寸前、遺体が発見されたのは、福島君が、また俺を置いていくのかと、我々を引っ張ったとしか思えない」などと語る鳥居隊長の言葉には、隊員を失った悲しみ、隊長としての責任感などがひしひしと伝わってきた。

この遭難の経緯は故新田次郎の小説『非情のブリザード』（新潮社）に述べられている。新田氏自身は関係者への直接の取材はしなかったようで、新聞記者の取材をもとに執筆されたと聞く。

冬の昭和基地（1967 年）

しかし関係者によれば、その内容は当時の状況がリアルに再現されているという。この遭難事故を教訓として、日本の南極関係者は南極での安全教育を受けるし、昭和基地では安全のためのいろいろなルールが作られている。いくら立派なルールがあっても、それが守られなければ意味はない。どうしたらルールを守ることができるのか。

私は越冬中は折に触れ、ルールを守るように呼びかけた。なかには「自分たちは立派な大人なんだから、分かり切ったことを言うな」と反発する者も出てくる。それに対し私は「毎日、新聞を賑わすのは、ほとんど大人ではないか。初心に返ってルールを思い出せ」と言い続けた。時々繰り返して言うことが、潜在意識を高め、危ないことに対しよりよく対処できるようになると考える。「事故を起こさないのが最良の観測隊」とも言った。起こった事故に対し、対処することも楽ではないが、それより事故を起こさない努力のほうがはるかに大変である。越冬隊四十名の人間がルールを守らない割合は、数十回あるいは百回ぐらいの機会のうちの一回あるかないかという程度であろう。それでも集団社会ではルール無視が時々起こり、その何割かは事故につながる。それでも死亡事故に至らないのは、福島さんの事故の教訓が生かされているからである。

「事故の対処より、事故を起こさない」という精神は、南極同様国内でも重要である。予防医学という分野があるが、病気にならないような生活を送るのが、病気になって名医にかかるよりははるかに重要なことである。洪水や地震の自然災害への対応も重要であるが、災害を防ぐ対策のほうがもっと重要である。これには砂防ダムを築く、家の耐震性を高める、食料の備蓄というようなハード面ばかりでなく、災害時の食料や救援物資の調達方法、被災地や被災者への配布方法など、予算をほとんど使わずにできるソフト面の対策も同じように重要である。国でも地方自治体でもハード面ばかりが強調されているようだ。

私自身はこのような予防の重要さを、南極という自然環境の中で学ばせてもらった。その結果は専門の地震研究のなかで、大地震への対処にも生きている（拙著『地震学者の個人的南極地震対策』（三五館）参照）。

◈欧米型と日本型

二度の昭和基地での越冬で私が経験したのは、隊員が骨折した程度で、手術を要するような病気もなく、全体としては平穏な越冬生活であった。もしかすると行方不明になったかもしれないというようなブリザード時のルール破りもあったが、幸いなことに大事には至らなかった。

しかし、マクマード基地やスコット基地に滞在中、二回の事故が起こり、三名が命を失うという経験をしている。一人は野外調査中の事故で、氷河から滑落して死亡した。また、他の二人は休日を利用し、近くの丘までハイキングに行った帰り、決められたルートを通らず、クレバスに落下し、命を失った。

アメリカ隊でもニュージーランド隊でも、日本隊と同じように安全に対するルールはできている。「外出時の届け出」「外出時の服装」「決められたルート以外の通行の厳禁」など、ある意味では昭和基地のルール以上に細かく、詳しい。しかし両基地とも夏の間は常時、数百人が滞在しており、日本の昭和基地のように日本を出発してから帰国するまで、全員が同じように行動するのと異なり、往くも帰るもバラバラであり、基地全体がひとつのグループという意識はない。人数が多いだけに情報の徹底は難しく、すべては個人主義であるから個人個人への注意も届きにくく、日本よりも細かいルールが必要となる。

したがって、観測や調査に従事中であろうとなかろうと、基本的には南極滞在中の事故はすべて個人の責任なのである。もちろん研究や観測で滞在するにしても、設営関係の仕事で滞在するにしても、それぞれのグループにはリーダーや責任者がいる。それでも事故が起これば、すべては個人の責任なのである。「自分の身は自分で守れ」というのである。これがアメリカを含むヨーロッパ型の考え方の基本である。マクマード基地で越冬中にルールを破ってエレバス山に登山を試みた隊員がいた。この隊員に対しては、以後基地内のごく限られた場所だけでの活動しか認められないという、日本流に言えば蟄居幽閉《ちっきょゆうへい》の処分と、その事件のためにかかった全費用の弁償が科せられた。

これに対し、昭和基地で事故が起これば必ず隊長は「事故を起こして申し訳ない」と謝罪しなければならない。昭和基地がその付属施設であり、観測の実施母体である極地研究所の所長もまた、「南極観測隊で事故が起き申し訳ない。今後このようなことがないよう十分注意します」との謝罪が必要である。南極観測隊員一人ひとりの日常の行動を、日本にいる人間はもちろん、一緒に生活している隊長にしても、すべてをコントロールすることなどはできない。にもかかわらず、隊員が勝手にルール違反で事故を起こしたとしても、隊長や所長は反省を込めて謝罪をしなければならないのが日本型の思考である。

極地研究所の所長はともかく、観測隊の隊長だからといって隊長手当というような特別の報酬があるわけではない。ただ隊長という名のもとに責任があると思われるのである。また、隊長は隊員一人ひとりに対して、それほど権力を振るえるわけでもない。たとえば一度越冬隊員と決まれば、その後、隊長からみてどうしても越冬に向かない人だと気がついても、その人を連れて行かねばならない。たとえその隊員の参加を拒んでも認められることはなく、逆に選ばれた隊員を使いこなせないようでは、隊長の資格が問われると言う評価が隊長に対し先に下される。そしてその人が危惧した通りなにか事件や事故を起こしても、それは隊長の責任なのである。

隊長や所長が謝罪したからといって、そのことで責任を問われることはなく、罰則を受けないのもまた、日本型である。このようにすべてに対して、曖昧《あいまい》なのが日本型の特徴と言えるだろう。二〇〇〇年に発生した多くの青少年の犯罪と親の責任、あるいは警察官僚の相次ぐ不祥事など、すべては日本社会における責任の取り方、取らせ方が曖昧なことも大きな根元のひとつであると考える。

この日本型の思考は、必ずしも悪いことばかりではないかもしれない。しかし、個人個人が責任を持つという視点が欠けることは事実であり、明解な改善策は先送りされ、いつもはっきりとした結論が得られないどろどろとして、釈然としない感覚だけが残ることになってしまう。日本社会の欠点のひとつと言えよう。

◈五分前

なに事をするにも、開始時刻の五分前には集まれということも観測隊で教わり、身についたことだ。「五分前」は旧帝国海軍が用いていた規律のひとつだという。観測船「宗谷」は海上保安庁の船であった。そして海上保安庁の任務は旧海軍の任務の一部を受け継いだものであるから、当然、「五分前」の規律も受け継いだのであろう。観測船「ふじ」を運行したのは海上自衛隊であるが、この場合は当然、旧海軍の規律は受け継がれている。さらに第一次隊の中堅をなした人たちの中には海軍士官だった人もいた。こんな状況から、日本の観測隊では、第一次隊から「五分前集合」が励行されるようになったのであろう。かくして第八次隊に参加した私は、出発前から「五分前」を守る習慣が身についた。

旧海軍では確かに「五分前」の精神は大切であったと推測できる。「砲撃を○○時に開始する」という作戦で、砲手がその時間に位置につき、準備を始めたとしたら、敵に遅れをとることになる。作戦開始の五分前には、全員が配置につくことにより、予定時刻になれば即、直ちに全力が出せるのである。「五分前の精神はことに当たりすべてに余裕を持って対処できる」と、「ふじ」のある艦長が語ってくれたが、まったくその通りである。

したがって、昭和基地では会議はもちろん複数の人間でやる仕事でも、「五分前」集合を励行している。この習慣が身につくと、帰国後もそんな行動をするようになる。私自身は南極観測隊に参加する以前から、時間には几帳面《きちょうめん》であったが、帰国後はこの精神を厳守するようになった。勤務する研究所内の会議では五分前には席に着く、他人との待ち合わせでは五分前には目的の場所に行っている、他家への訪問の場合は、五分ぐらい前にはその家の近くまで行っているなどである。

極地研究所の職員の多くは南極経験者なので、所内の会議でもこのルールがよく守られていた。

極地研究所が発足して、数年が過ぎた頃のことである。会議に遅れた二人の教官に対し、初代所長の故永田武先生が「会議に遅れるのは南極に行ったことのない人たちだ。南極には五分前集合のルールがあるから、覚えておくように」と注意したことがあった。十一人の会議で一人だけが五分遅れたとしても、その遅刻により十人分計五十分の時間を浪費させているのである。

会議が定刻通り始まらない組織は、組織として堕落しているか、堕落が始まっているかのどちらかといえる。その組織の能率はあがらず、企業なら当然利益は少なくなっているはずである。遅れて授業を始めて平気な教官は、いくら良い授業をしたからといって、やはり欠陥のある教官であり、授業に遅刻する学生は、やはり人間として誠実さが欠けていると思う。

このように南極で身につけた「五分前」の精神は、私にとって自分自身で実行するだけでなく、他人を見る基準のひとつにもなっている。

我意を得たのは、評論家の草柳大蔵氏がその著書の中で、同じような主旨のことを書かれていた（『礼儀覚え書き』グラフ社）ことである。その中に松下電器産業の株主総会に雪のため遅刻した役員を、その職から外した故松下幸之助氏の逸話も出ていた。当日の雪は予測できたのだから、役員たるもの遅れないように前日から対応すべきである、というのが松下社長の考え方だという。

◈挨拶

「おはよう」という朝の挨拶《あいさつ》もできない人間は南極観測隊員向きではないというのが、私の持論である。だから学生には「南極に行きたいのなら、挨拶ぐらいできるようにしろ」とも言う。

閉鎖社会の昭和基地で、朝食の卓に黙って座り、人と話もしないで食事をし、黙って出ていく人がいたら、周囲の人はどんな気がするか、隊長はどんなふうにその人に接するかなど、挨拶ができるかどうかで問題がありそうなことはすぐ理解されるであろう。実際、自分の周囲を見ると、職場をはじめ日常のつき合いの範囲で、単に口数が少ないというのではなく、挨拶が苦手な人は少なくない。こういう人は子ども時代の家庭教育に問題があったのではないかと思うが、とにかく南極で一年間一緒に生活したくない人である。

南極観測隊員として推薦されてきた人と、何回か話をしているうちに、挨拶をしない人だと気がついたので、候補からはずしたこともあった。私は挨拶をそれだけ大切なことだと思っている。

極地研究所の特別研究生として私が論文を指導していた学生に、挨拶の苦手な人がいた。彼は毎朝、私から積極的に声をかけるとともに、朝の挨拶の必要性を話して聞かせた。元来が優秀だったので、修士号を得て、外資系の一流企業へと就職した。そして、数か月して私の研究室に訪ねてきて、「先生に教わったことで、一番役に立ったのは挨拶をしろということでした。企業では自分から話をしないといけないのですね」と言った。私としては、教えた学問のなにかが役立ったと言って欲しかった。しかし、日本の現代社会では挨拶がまともにできない人が増えていることは事実ではなかろうか。

研究者という職業は立派な成果をあげれば、人間的に欠陥があっても、世の中は認知する甘やかしの傾向にある。天才的科学者の奇行はよく好意的な話題になる。しかし私は、この風潮にも疑問がある。超天才と呼ばれる人との交流はないので分からないが、一般的に研究者として立派な人の多くは、やはり人間としても立派な人が多いと思う。なによりも南極で観測をして、そのデータをもとに研究しようとする人は、まず南極で生活できる人柄でなければ務まらない。まともな挨拶ができない人間は、南極はもちろん一般社会においても、通用しない人であると言えよう。

◈「常識」と「非常識」

世の中で聞いていて嫌な言葉のひとつが、「あの人は常識がない」「それは常識でしょう」というような言葉である。これを観測隊の中で使われると、嫌などころか困ることが多い。日本の場合、観測隊は毎年七月に組織されてから十一月の出発までの四か月半の間、全員が顔を合わせる期間は一か月間もない。隊員は大学、研究機関からの研究者や学生、事務職員、民間からは大企業の社員から個人事業主のような人まで、千差万別である。かつては寒い地方の出身者が多い傾向があった出身地も、現在では北海道から沖縄まで日本全国に広がっている。学歴にしても大学院卒から中学卒業と幅広い。

そんな集団の中で「常識」と言っても、その占める範囲には幅があり、人によってその「常識」は微妙に異なってくる。そしてその差に気づかず、自分の「常識」を振りかざすと、時にそれはとんでもない「常識はずれ」になることがある。だから私は観測隊でも職場でも「常識」という言葉はほとんど使わないし、使って欲しくない。「君は常識がない」「君は非常識だ」とは言わないで、「君の良識ではどうなるんだ」というように、「良識」を使うことにしている。

広辞苑には「良識」は「社会人としての健全な判断力」とあるが、そこには個々の「心」が存在すると思う。だから、なにかの判断に対し、「常識」とは言わず「良識」に訴えるのがよいと考え、実行するようにしている。これも私が南極生活で得た生活の知恵である。ちなみに私の良識でみると、世の中で他人のことを「常識がない」と批判する人ほど、世間一般から見て「常識がない」ように思える。

◈「哲学」と「実行」

南極観測に限らず、新しく何かをする時の計画立案には、「なんの目的で、なにを観測するか」「得られたデータをどのように解析し、どんな結果を得ようとするか」など一貫した説明が要求される。そして、それぞれの計画は一人前の研究者なら、学問に裏づけされた哲学とまでは言わなくともきちんとした考えがあり、その学識のもとで立案されていく。研究者個々の哲学、思想、自然観は次第に身についていき、仲間うちの研究者なら互いにそれを理解しているのが理想だが、現実には分からないことも多い。そこで出てくる言葉が、「その哲学は？」という問いである。わざわざ「哲学」だの英語の「フィロソフィー」だのを持ち出して問わなくとも、互いに話をしていれば、その底を流れる思想は理解できると思うのだが、「フィロソフィーは？」を連発する人がいる。

これに対し「南極で大切なことは、実行できるか否か」である。なにをやるにしても、限られた人員、限られた期間、資材で実行できる計画を立案することが要求されている。したがって、「君の計画は実行可能か？」との問いは、ついには「プラクティカルにできるのか」との言いまわしとなる。こんな質問ばかりされると実行可能な計画なら、どんな内容でもよいのかという疑問も生じてくる。

南極では実行可能な計画立案は当然にしても、税金を使い限られた条件下でやるのだから、やはりきちんとした考え方のうえに立案された、つまりきちんとした哲学のある観測計画が要求されるのは当然である。

注意して聞くと、「哲学」とか「フィロソフィー」を連発する人や、「実行可能」や「プラクティカル」を連発する人は、自分自身の哲学のあやふやな人が多い。このような人に限って、昨日「白」と言ったことに対し、今日は「黒」と言って平気でいる。なかには「哲学を持たないのが哲学」と豪語する人も出てくる。

南極観測を通じて得た「フィロソフィー」や「プラクティカル」は、すべてのことに基本として重要なことは分かってもその連発は、私にとっては良い反面教師になっている。

次元はやや下がるが、南極では「口で言うより動け」はひとつの格言だと思っている。越冬中の仕事はなにをやるにしても自分たちの仲間だけでやらなければならない。日本のように掃除、洗濯、ゴミ処理まで金を払って誰かに頼むということは不可能なのだ。

たとえば隊長がどうしてもやらねばならない仕事を、誰かに頼んだとする。頼まれた人の反応は、「はい」と言ってすぐやるか、理由を並べて「やらない」かに大別される。もちろん「やらない」のなかにはその仕事を頼んだほうが納得する理由もなきにしもあらずだが、越冬隊の場合、互いの状況は知り尽くしているので、頼むほうはそんな無理は言わないはずである。

そして「やらない」の理由として、性格的に必ず一言「なにか」を言いたい人と自分はやりたくないのだが、そうは言えないので理屈を並べ結局はやらない人に分けられる。確かに世の中には、何事に対しても素直に「はい」と言えない性格の人がいる。どんなことでもとにかく自分たちですべてをやらなければならない観測隊では、嫌な仕事だからと断っても、その仕事を仲間の誰かがやらねばならないのである。南極では「つべこべ言っている間に」あるいは「理屈を言う前に」「体を動かせ」が鉄則である。

◈「できないのは子どもだけ」

この言葉は私が初めて昭和基地に到着し、南極に第一歩を印した一九六七年一月四日、一九六六年の一年間を越冬した第七次隊の人から聞いたものであり、三十年以上が過ぎた今日でも、その時の情景と共に心に残っている。一九六六年は新造された砕氷船「ふじ」で、日本の南極観測が再開された年である。「ふじ」によって「宗谷」の倍以上の資材が運べるようになったが、第一年目は「宗谷」時代の延長で、すべての物が不足していた、あるいは十分にない時代であった。運の悪いことに越冬中に冷凍庫が故障し、冷凍食品、特に肉類が不足し、食生活も貧しかった。

そんな状況の中で越冬隊員たちはすべてに創意工夫をし、必要なものを作り出していった。第七次隊は十七名、第八次隊は二十四名が越冬したが、人数の少ない割には、いろいろな特技を持つ人が多かった。社会全体からみてもレベルの高い人が多かった。

現在、南極観測は汚い、きつい、危険という典型的な三Kの職場と言っても過言ではなく、大自然への魅力も半減し、南極へ行きたいという希望者は必ずしも多くない。しかし、未知の大陸の魅力が輝いていて、苦労を苦にしない世代である「ふじ」の時代には、まだ南極への希望者は多かった。数多くの希望者の中から選ぶのであるから、おのずと人間的にも、技術的にもレベルの高い人が集まってくる。当時は隊員の結婚式のスピーチを頼まれると、自信を持って「観測隊に参加したのですから、心身共に立派な人です」と言うことができた。現在は、「心身共に標準以上の人」と言う程度になってしまっている。これはもちろん一般論で、現在でも観測隊には優秀な人は少なくない。

そのように優秀な技術を持った集団であるから、必要と思うものあるいはあるとより便利な物などは、なんとか作り出してしまうのである。そこで男だけの越冬隊員であるから、「子ども以外ならなんでも創り出す」ということになる。人によっては「○○があればこれだけよくなる」

「○○がないので××ができない」など、よく言い訳をする人がいる。このような人はモラトリアム人間の一種であろう。「○○がないので」と条件をつける人は、周囲から見て十分な環境に置かれていると思えても、必ず不満を言い、その不満が「××をしない」あるいは「できない」理由になる。このような人は、南極向きでない。やはり南極では「必要は発明の母」の精神が重要で、困ったことが起これば、創意工夫をして解決するという姿勢が求められる。

2 ＊ 四十年間の成果

◆人材が育つ

南極観側を四十年以上も継続していてどんな成果が得られたのだろうか。未知の大陸だった南極大陸の輪郭が明らかになり、多くの地形図も作成された。極地特有の現象であるオーロラや南極氷床の性質や振舞いも明らかになってきた。南極観測が人類にもたらした知的財産は計り知れない。

しかし、日本にとっての最大の成果は南極を知る人材が育成されたことだと考える。明治時代白瀬矗の南極探検、昭和時代に入っての南氷洋捕鯨の開始で、日本でも南極に行くとオーロラ、氷山、ペンギンなどが見られるという程度の知識はあったが、それは単なる知識のレベルにとどまっていた。

ＩＧＹに参加するまで日本ではオーロラに関する研究者は皆無で、天空での現象ということで天文学者がその解説をしていた。雪は研究されていたが氷の研究者はほとんどいず、まして氷山を研究する人もいなかった。鳥類の研究者はいても、サンプルが手に入らないペンギンは研究の対象にはなりえなかった。

現在ではオーロラを研究する学問分野は電磁気学から超高層物理学へと発展した。研究者の数も二百名を超えるであろう。雪氷学という学問分野が確立し、氷の物理学、氷床のダイナミクス、さらには環境変動まで、さまざまな研究が行われている。ペンギンを研究の対象とする研究者も現れた。そして誇れることは、それぞれの分野で世界に先駆けた、あるいは世界をリードする研究がなされていることである。

◈極地学者

次の一文は拙著『南極の現場から』（新潮社）に対する科学評論家岡部昭彦氏による書評の一部である。

『……現代の軸が南北に走る傾向をいち早く読みとっていたのだ。三十年前のことであり、この文明論には極地が正面きって登場した。

翌年には国際地球観測年に備えて日本から南極予備観測隊が出発する。以後、三十年に及ぶ地道な科学観測は従来の南極像を一変した。やがて極地研究所ができ、南極学とでも呼ぶべき科学が根を下ろし、その中から本書の著書のような本格的極地学者が育つに至る。借り物でない新しいスタイルの内容に、ある種の感慨を覚えずにはおれない。

著者は、南極を別世界ではない、地球上の一地域として描き出すことを貫く。そして宇宙的スケールで南極を位置づける試みは、類書にない特色として読者をはなさない。その広い視野と豊かな解説は、南極と北極の対比、生物、地球上の真水の九〇パーセントを占める氷に注がれる。また国際地球観測年の成果から、オーロラや、著者も活躍した地震の発見に力点がおかれる。中で面白いのは、人間臭く国際色の濃い「南極と人間」である。顔を合わせても 挨拶のできない人は南極向きではないとし、日常の水の使用量に文明を見、食生活や外国の女性隊員の生活にも目が向けられる等々。

著者は南極がビザなくして行ける最後の「政治的パラダイス」であり、南極観光を時期尚早と説き、誤解を招く日本の資源調査に警告を発する。南極は、地球上のあらゆる汚染から守られるべき点では、やはり特殊な地域であってもよい』(一九八五年十月十一日・東京新聞朝刊)

私にとって過分の書評であるが、日本にも外国からの受け売りでなく、自分自身の五感で体験し、調べた事実に基づき南極や極地を語れる研究者が育成されたし、現在も育ちつつあることは事実である。

かつては日本で出版されている南極に関する書物といえば、アムンセン、スコットに代表されるような探検記がほとんどで、しかも翻訳物であった。現在は前述の書評のごとく日本人の手によるオリジナルの科学書、解説書、一般的読み物などが数多く出版されている。フィクション、ノンフィクションとりまぜ日本人の南極での活躍が映画にもなり、外国でも上映され、市井での話題になったこともある。

日本には南極や北極に関する国としての基本政策はない。一九八〇年代、日本はアメリカやヨーロッパの一部の国々から「北極圏国家のひとつなのに、北極研究になにひとつ貢献していない」と非難された。私たちが驚いたのは「日本が北極圏国家」と言われたことである。かれらの言う北極圏国家とは、北極圏内に領土を有するか、経済的に北極圏に依存しているかで、日本は後者に属すると主張されていた。当時は日本からヨーロッパへの航空路はアラスカからグリーンランドを横切っていた。完全に北極圏内を通過していたのである。ヨーロッパとの貿易額の半分以上を北極圏に依存していながら、その地域の科学研究や気象観測に、日本はなにひとつ貢献していないではないかとの主張である。日本の反論はあるにしても、国際世論は日本をそのように見ていたのである。

南極に対しても同じで、少なくとも南極観測を実施している国の多くは南極に対して、国家としての基本政策を持っている。南極条約をはじめ、いくつかの国際条約が締結されている南極では、二十一世紀には日本として南極をどうするのか、南極大陸をどのように利用しようとするのか、国家としての基本理念の構築が必要である。このような国家の基本理念の構築に活躍しなければならないのが極地学者たちである。ＩＧＹの頃には日本には一人もいなかった極地学者も、現在では十分に育っており、国家としての対応に困ることはない。

3　＊　三大発見

◈観測史上の三大発見

「南極隕石《いんせき》の発見」「オゾンホールの発見」「ボストーク湖の発見」を、私は南極観測史上の三大発見と位置づけている。もちろん、国際地球観測年以来、オーロラ現象の解明、南極氷床の解明、「リストロサウルス」をはじめとする恐竜化石の発見など、いろいろな分野で数々の科学的成果が得られている。しかし、それらの成果はそれぞれの分野での観測、調査、研究の結果として、必然的に得られたといえる。オーロラの観測を継続することにより、その現象の解明は、少しずつでも進むのである。

確かに「リストロサウルス」に代表される四脚動物の化石の発見は、多くの人を驚かせたが、二十世紀の初め、大陸内で石炭は発見されていた。石炭になった大木が繁茂していたのだから、そこに四脚動物が生息していた可能性は十分に予測されたのである。しかし上述の三つの発見はだれも予想することなくもたらされたのである。まったく予想外の発見であると共に、その発見を契機としてその学問分野が大きく発展しているので三大発見と呼ぶことにしている。しかもこのうちの二つに関して、日本隊が貢献しているのである。

◈南極隕石の発見

一九六九年を私は『宇宙元年』と呼ぶことにしている。この年の二月メキシコに『アエンデ隕石』が落下し、多くの研究者がこの隕石を研究し隕石学が進歩した。七月にはアメリカがアポロ十一号を月に打ち上げ、月の石を持ち返った。人類が初めて自分たちの手で入手した地球外の物質である。十一月にはアポロ十二号も再度の着陸に成功した。十一月から十二月にかけ昭和基地の南に広がるやまと山脈の青氷地帯を通過中の日本の地質調査隊は九個の隕石を発見した。この発見はあまり注目されなかったが、四年後の一九七三年に再び十二個の隕石が発見され、研究者の注目を浴びるようになった。日本隊が隕石を発見するまでにも、南極ではそれぞれ独立に四個の隕石が発見されていたが、狭い地域でまとまって発見されたことが、注目されるようになった。このように一九六九年は宇宙科学や地球科学が飛躍的に発展するきっかけとなった出来事が三つも起こった年なのである。

二回のまとまった隕石の採集に刺激され、一九七四年、一九七五年と日本隊は二年続けてやまと山脈に調査隊を送り地質調査と共に隕石探査を実施し、九七〇個の隕石採集に成功した。この南極での隕石の大量な発見により、「南極隕石」と言う言葉が生まれ、なぜ南極で大量の隕石が発見されるのか、その集積機構にも学問的関心が高まった。

みずほ高原の隕石調査。手前に見えるのが隕石。このように雪面上に表われる（写真提供・小島秀康氏）

◈日米共同の隕石探査

日本隊の隕石発見は南極の関係者に大きな衝撃を与えた。アメリカの研究者はすぐに南極での隕石探査を計画し、その手ほどきを日本に頼んできた。当時の極地研究所の所長は初代の故永田武先生であったが、先生はアメリカの希望を直ちに受け入れ、国際共同観測として隕石探査を実施することを決めた。永田先生は、前二シーズンをマクマード基地で過ごし、アメリカ基地での経験のある私と、隕石探査に実績のある極地研究所の矢内桂三博士とを伴い、一九七六年十一月マクマード基地に赴いた。日本側三人とアメリカ側三人とは、打ち合わせを繰り返して調査計画を作り、「南極隕石日米探査計画」の実施を決定した。この時、アメリカ側の三人は南極の経験は皆無で、南極とはどんな所かという話から始めなければならなかった。私の役割はアメリカ側にマクマード基地でのアメリカの南極観測システムと野外調査のノウハウを説明し、隕石のありそうな地域での具体的な探査計画を立て、マクマード基地の関係者に理解させることだった。特に海軍のヘリコプターパイロットたちと親交があった私は、隕石の重要性、その探査方法などを理解してもらう努力をした。結果的にはパイロットの眼が隕石探しに大きな貢献をしてくれた。この日米共同の隕石探査は三年間実施したが、その間に六二〇個の隕石の採集に成功した。日本から南極での隕石探査のノウハウを学んだアメリカはその後も毎年、独自の調査をすすめている。

アメリカ航空宇宙局（NASA）は「月の石」を研究処理するために開発した技術と設備、人力とを「南極隕石」の処理と研究に投入した。驚いたことに日米共同で採集した隕石の中にアポロ計画で月から持ち帰られた石と、成分も性質もほぼ同じものが発見された。さらにいろいろな角度からの研究論文が十数編も発表され、直径十センチにも足りないこの小さな南極隕石が月から飛んできたことは間違いないと結論された。月起源の隕石は「月隕石」と呼ばれるようになったが、私は「月よりの使者」と拙著（『南極の現場から』新潮社）に記した。その後火星起源の隕石も発見され、火星隕石の研究から火星に生命現象の痕跡が認められたという発表もなされている。

私は大学院生の時、講義で「隕石は宇宙や太陽系など、天地創造の情報を有する物質で大変貴重な物だが、日本には二三個しかない」と習った。一九六〇年代二三個だった日本の隕石保有数も、探査するたびに数百個が発見され、極地研究所には一万個を超す隕石が保管され、国内外の研究者に研究試料として提供されている。「南極隕石」の発見により、日本は現在、世界一の隕石保有国となった。

◆オゾンホールの発見

オゾンホールの発見も昭和基地での観測の成果である。昭和基地では南極観測の初期である一九六一年から気象観測の一項目として、オゾン量の観測を実施している。気象観測のような定常的な観測で、全世界で関心を呼んだ発見がなされた極めて珍しい例である。オゾン（O_3）は酸素の同位体で、上空一〇～三〇キロメートルのオゾン層と呼ばれる領域を中心に分布している。動植物に有害な紫外線を吸収する作用がある。

一九八二年十月、昭和基地ではそれまではおよそ三〇〇～三五〇ドブソン単位の範囲で推移していたオゾン量が、二三〇ドブソン単位へと急激に減少したことが記録された。昭和基地上空のオゾン量が平常値に比べて二〇パーセント以上も急減したのである。

ドブソン単位は地上から上空へと延びる大気の柱を仮定し、その単位面積当たりの鉛直気柱に

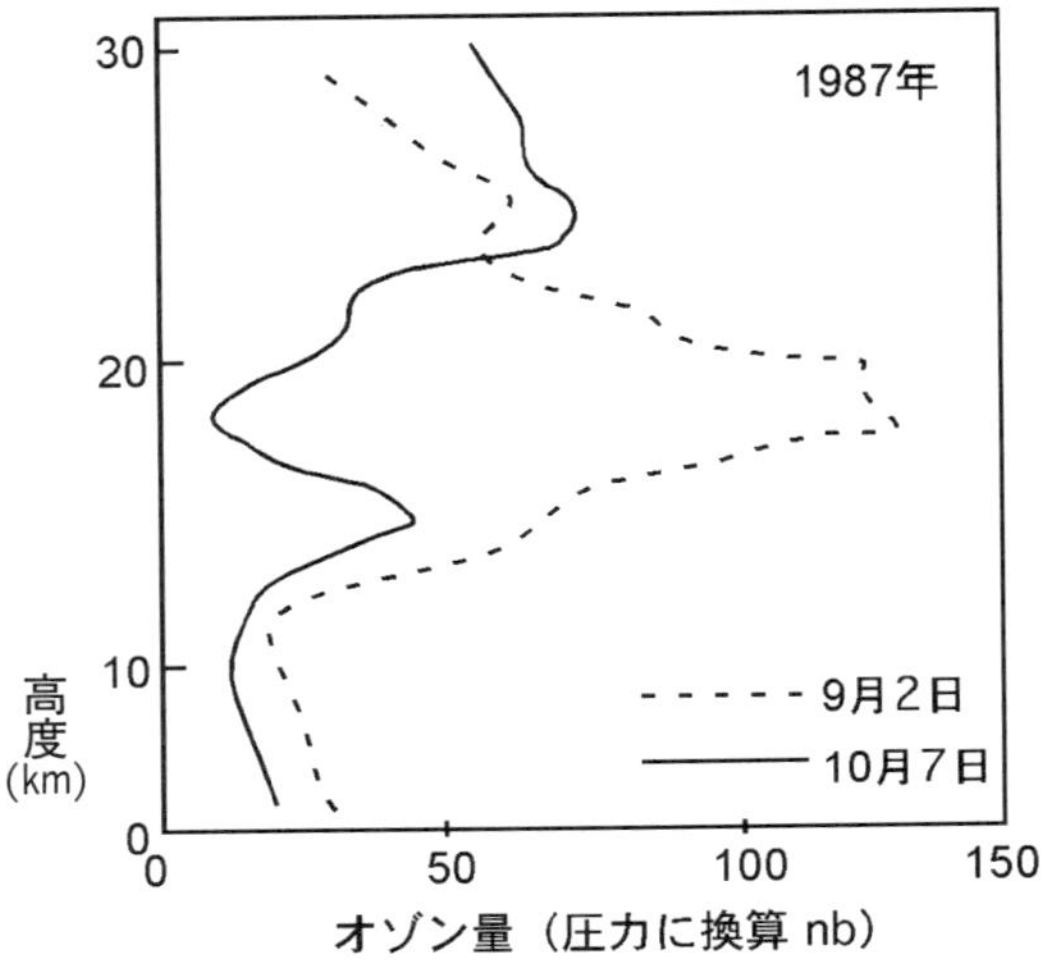

オゾンの垂直分布図

あるオゾンの総量を表す単位で、一気圧（標準気圧：単位面積当たりの鉛直水銀柱で七六〇ミリメートル）、〇℃〔標準温度〕のもとでのオゾン全量を、〇・〇〇一センチメートルを単位にして測定した厚さである。三〇〇ドブソン単位という数値は、地上から上空まで大気中に分布するオゾンをすべて地表面に集めたとしたとき、そこにあるオゾン層の厚さが〇・三センチメートルであることを意味する。この数値は、本書の六十ページ（三十枚）分の厚さでしかなく、気柱の底に集めると三ミリメートルの厚さにしかならないオゾンが、上空一〇〜三〇キロメートルの高さを中心に地球全体を包んでいるのである。

この年昭和基地で観測されたオゾン全量の減少量は、本書の六、七枚分の紙の厚さ程度にすぎなかったが、この事実は衝撃的な異常現象だった。昭和基地でこの値を観測した人は、最初、観測器械の故障ではないかと考えたようで、事実だけを公表した。発表はされたけれど、その数値に注目した人はほとんどいなかった。

この異常現象が世界の注目を集めるには、さらに三年の月日が必要であった。一九八五年、イギリスのハレーベイ基地でも南極の春に、オゾン全量の減少が観測されたとの報告がなされ、しかもその原因は人間が放出するフロンガスであろうと指摘され、この問題は世の中の注目を集めるようになった。オゾン全量の減少は「オゾンホール」と名づけられた。その発見がハレーベイ基地でなされた事実と共に、「オゾンホール」という名とその現象は、またたく間に世界中に広がった。その後、ハレーベイ基地で観測されるよりも以前に、昭和基地でもオゾン全量の減少が観測され、発表されていた事実が世界中の研究者によって認められた。

「オゾンホール」の発見により、南極の多くの基地でオゾン観測が開始された。人工衛星でもオゾン観測がなされ、南極全体のオゾン量の分布図が発表されるようになった。十月の分布図を見ると、南極大陸の中央をすっぽりと覆うように、円形をしたオゾン量の少ない地域が出現している。そして南極に出現するオゾンホールは次の二つの現象にまとめられる。

第一は、南半球の春、九月中旬から十月下旬になると南極各地で観測されるオゾン全量が一五〇ドブソン単位前後に、つまり平常値より三〇〜五〇パーセント減少する。南極のオゾン量は中、低緯度と比べて著しく少なくなる。

第二は、春先のオゾン全量の減少量が一九八二年以後、現在にかけて年々増加したという事実である。一九八二年十月の昭和基地のオゾン全量は二三〇ドブソン単位だったのが、一九九〇年代には一四〇～一五〇ドブソン単位の値が観測されている。オゾンホールの深さは年を経るにしたがい深くなっていった。

◆オゾンホール出現のメカニズム

昭和基地では一九八三～八五年にライダー観測を実施したが、結果的にこの観測がオゾンホール出現のメカニズムの解明につながった。ライダーはレーザレーダの別名で、レーザ光を発射し、なにかの物質に当たって反射してくるのを受信し、その物質の性質や位置を知ろうとする観測装置である。「中層大気国際共同観測」の一環として、成層圏に浮遊する物質（エアロゾル）を観測する目的で、この観測装置が昭和基地に設置された。

ライダー観測にとって太陽の光は邪魔になるので、太陽の出ない極夜の世界は絶好の観測時期である。六月に入ると成層圏のエアロゾル濃度が異常に高くなっていることが観測された。この異常現象に気がついた昭和基地の観測者は、ただちに気球を上げて、上空一五キロメートルまでの高さにおけるエアロゾルの大きさや数を測定することを試みた。その結果、上空八キロメートルの高さを境にして、エアロゾルの濃度が急増し、地上より上空の値が大きい、つまり上空が地上より汚れていることが明らかになった。

ライダー観測の結果、南極の冬に、成層圏には多量のエアロゾルが発生することは疑いのない事実となった。この成層圏に発生するエアロゾルは、極成層圏雲と呼ばれている。その後の研究により、太陽放射のない極夜の南極の成層圏は少しずつ冷え込んでいくが、マイナス八〇℃前後の温度になると、浮遊している硝酸の蒸気や水蒸気が凝固して極成層圏雲が発生する。この極成層圏雲の表面で、フロンガスが原因となって大気中に含まれている硝酸塩素が分解され、塩素が大気中へ放出される。そして放出された塩素がオゾンと反応し、オゾンの減少が起こり、オゾンホールが出現するというプロセスが明らかになった。このように日本の南極観測はオゾン問題で大きな貢献をしている。

◈「ボストーク湖」の発見

ボストーク湖はロシアのボストーク基地（南緯七八度二八分、東経一〇六度四八分、三四八八メートル）付近の氷床下に潜在する湖である。ボストーク基地をその南西端とし、南緯六六・三度、東経一〇三度付近の北西端へと、三〇〇キロメートルの長さに延び、幅は五〇キロメートルの細長い楕円形に近い形をしている総面積一五〇〇〇平方キロメートルの、氷床下の湖水である。ボストーク湖の面積はバイカル湖の半分と説明された。シベリア最大の湖水が比較の対象になるほどの大きさなのである。ちなみに日本最大の琵琶湖の面積は六七〇平方キロメートルであるから、ボストーク湖はそのおよそ二二倍の面積を有することになる。

ボストーク湖は関係者の間では三十年も前から、潜在する可能性がささやかれていた。その理由はボストーク基地から北北西に細長く平坦地が延びていたからである。ボストーク基地付近の等高線は西側が高く東側が低くなり、ほぼ南北に平行になっている。その斜面に等高線が膨らむように平坦地が広がっている。このような平坦地の存在は一九六〇年代から指摘されていたが、確信されるようになったのは人工衛星データが地形図作成に利用できるようになった一九八〇年代後半からである。

南極大陸の氷床の厚さや構造を調べるために、それまでの人工地震に加え、電波氷厚計（通称アイスレーダー）が使われるようになり、氷床下の情報は、飛躍的に増えてきた。人工地震では地震波を発生させるためにダイナマイトのような爆薬を使うが、アイスレーダーでは電波を発射する。その電波が氷床の底で岩盤や水の層に当たり反射してくる波を受け、発射した時との時間差を測定する。氷床中や水中を伝わる電波の速さは分っているので、その速さと時間差から氷床や水の層の厚さが求められる。爆薬による発破《はっぱ》は点としてしか実施できないのに対し、アイスレーダーでは電波を連続的に発射できる利点がある。一九七〇年代に入りアイスレーダーを用いることにより、比較的容易に広い範囲で南極氷床の厚さが得られるようになった。

ソビエト連邦崩壊による冷戦終結のひとつの成果と呼べるが、ＩＧＹ以来、南極氷床を研究してきたイギリスとロシアの雪氷研究者が、「南極ボストーク湖の地球物理学的勉強会」を一九九三年十一月二十三日に開催した。この勉強会ではイギリスがアイスレーダーの結果を、ロシアが一九六四年に実施した人工地震のデータを持ちより検討を重ねた結果、湖の潜在を確信するに至

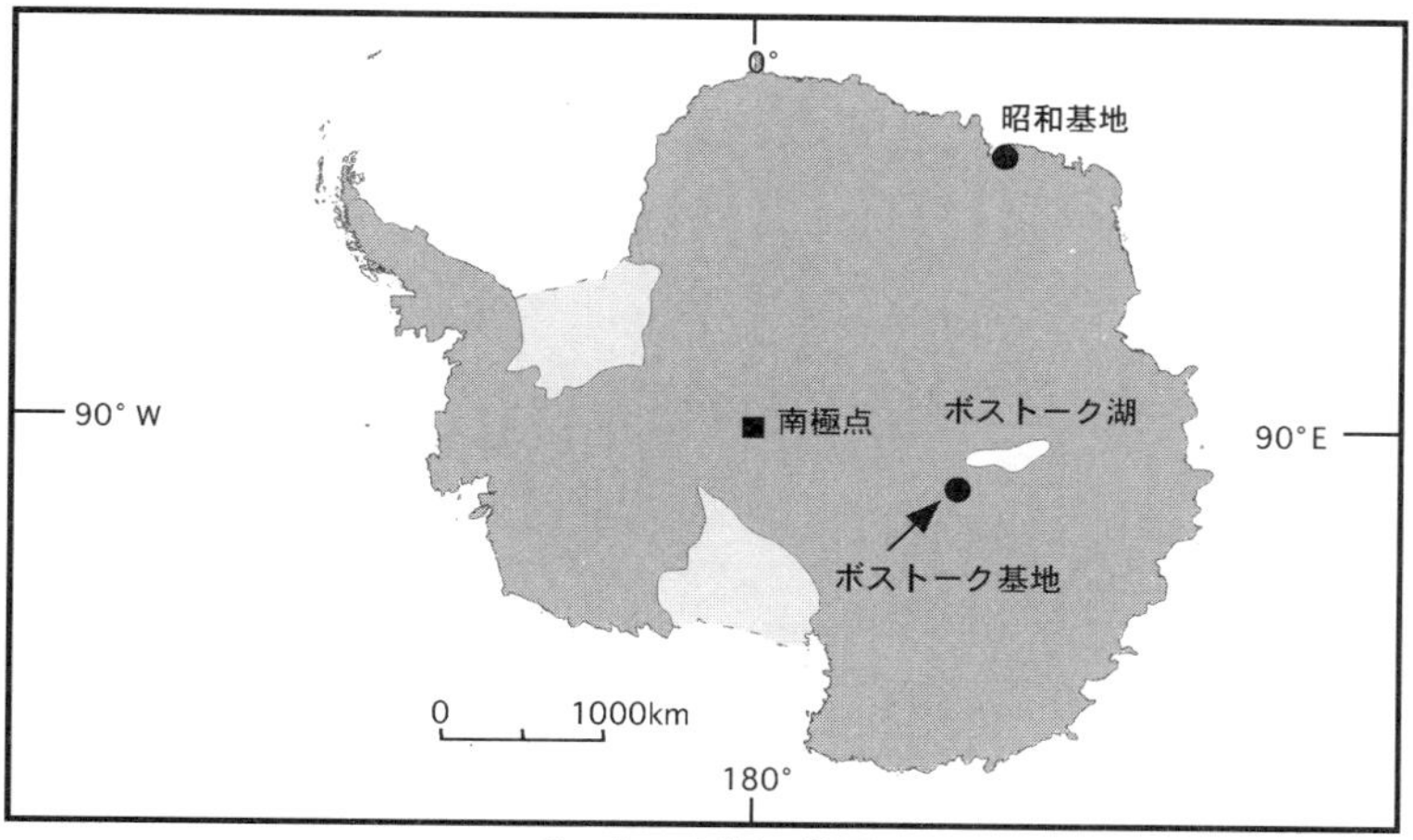

ボストーク湖の位置

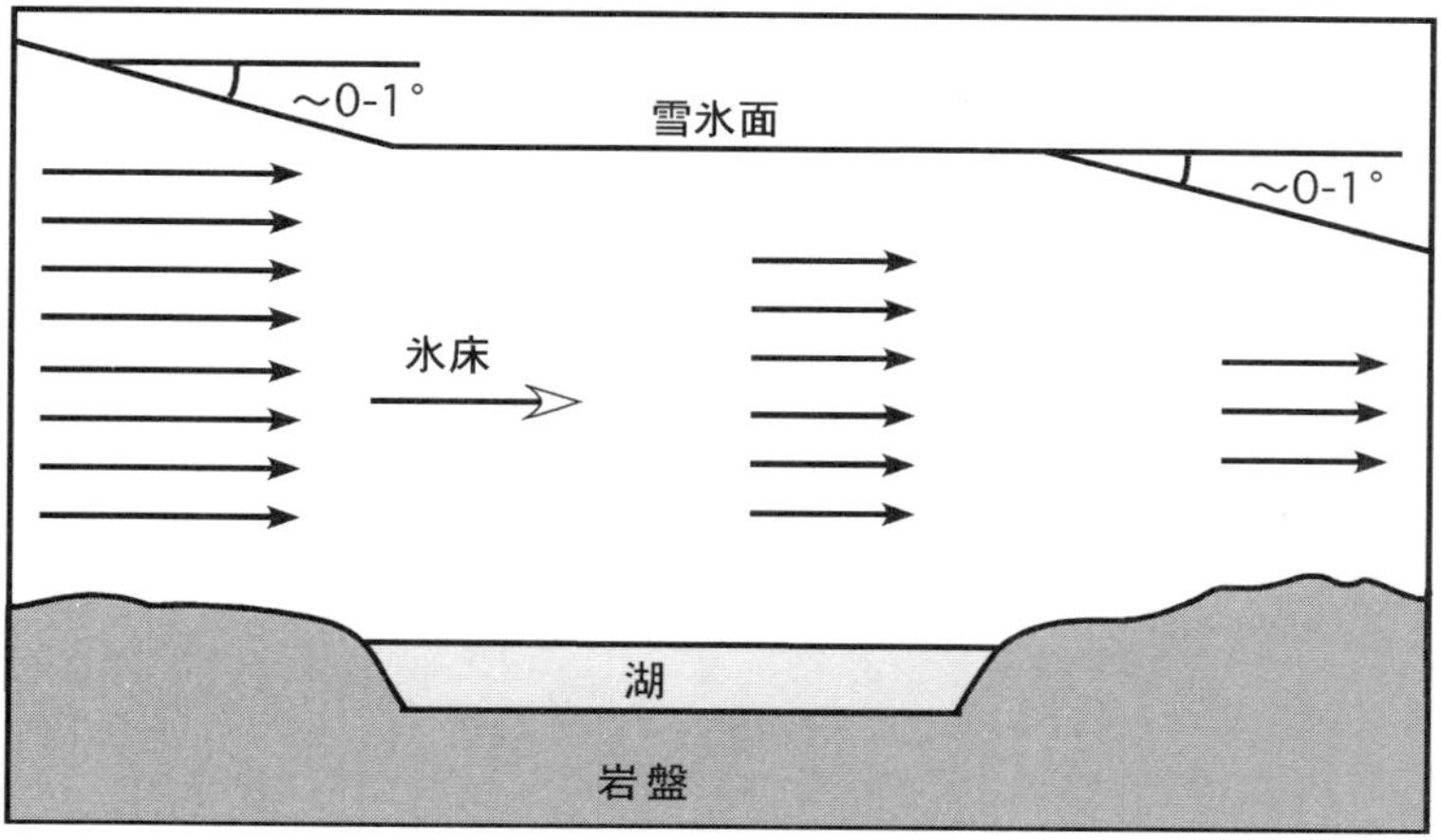

ボストーク湖の概念図、湖水の上の雪氷面が平坦であることから湖の存在が推定された。

ったのである。

一九九四年八月二十九日から二週間、ローマで開かれた第二三回南極研究科学委員会（SCAR）の開催中にその結果は報告された。SCARの固体地球物理学常置委員会と地質学常置委員会の合同会議の席上で、ボストーク湖の存在がロシアの科学者から紹介された。その報告を聞いた出席者は全員驚きの声を発した。

その頃、ボストーク基地では氷床掘削が二七〇〇メートルまで進んでいた。掘削を継続すれば孔は湖面に達し、その水を採水できる可能性もある。湖の水は高い圧力を受けているので、孔から噴きださないかと心配する人もいる。水はどんな成分で生命現象は存在するかと考える人もいる。そんな背景から掘削をとりあえず中断し、新しく研究と調査の計画を練り直す、とロシアとイギリスの研究者たちは発表した。自然条件の最も厳しいボストーク基地であるから掘削にも調査にも莫大な費用がかかる。このような計画では、おのずと国際協力の形がとられる。その後アメリカが中心になって何回かワークショップを開催して、調査方法やその学問的意義の検討を重ねている。掘削の再開は二十一世紀の早い時期が予定されている。

4 ＊ 大陸像

◆地形図の作成

ＩＧＹが始まった頃には、南極大陸全体の地形図は完成されていなかった。氷があるので海と陸の境界が明瞭でないため、海岸線の四〇パーセントは点線で描かれていた。南極大陸の地形図の作成はＩＧＹで各国が協力して実施する調査の中でも最重要課題であった。人工衛星からの写真が手軽に入手できる現代では考えにくいかもしれないが、人類は四十年前まで地球上の地図をすべて持っていなかったのである。地球を一軒の家にたとえればその家の住人は、家の一部については設計図もなく、どこがどうなっているのか手探りの状態だった。そんな状況だったからこそ、ＩＧＹで南極観測が主要課題のひとつにとりあげられたのである。

この時日本が分担したのは東経三〇度から四五度の地域で、海岸線に沿った地域の二五万分の一の地形図の作成がまず求められた。日本は一九六六年までには「リュツォ・ホルム湾」「プリンスオラフ海岸」の二図幅は完成させた。しかし西側の東経三〇度線までの図幅は、一九八〇年代になり、人工衛星写真が使えるまで発行できなかった。この地域は棚氷が発達しており、目標となる露岩もなく地形図の作りにくい地域であった。

西側の二五万分の一の地形図の作成こそ遅れていたが、日本は昭和基地を中心に内陸のみずほ高原、やまと山脈にかけ岩盤の露出している地域の五万分の一や二万五千分の一の地形図を次々に作っていった。二〇〇〇年までに日本が作成した地形図は一〇〇万分の一の小縮尺図から五千分の一の大縮尺図まで一七六図幅になる。四十年前までは人跡未踏の地で満足な地図もなかった地域であった昭和基地周辺は、現在では南極大陸の中でも、最も地形図がそろっている地域のひとつとなった。

◈地形図から地質図へ

地形図ができると、地質調査も進み地質図の作成も容易となる。一九七〇年代の南極は地下資源が注目された時代である。日本としても、もし南極の地下資源に対しどこかの国が手をつけるとすれば黙視することはできない。そのためには地下資源の基礎調査だけはして、正確な情報を入手しておかなければならない。地下資源の基礎調査は地質調査である。したがって昭和基地を中心とする南極大陸の露岩地帯についての地質調査の計画を立案し、次々と概査を実施した。そして調査不足の地域は再度調査を重ねながら地質図を作成していった。このようにして日本隊は三六図幅の地質図を完成させ、出版している。

地形図の上にそれぞれの地形の特長を加えた地形学図も三図幅出版している。地形学図は化石

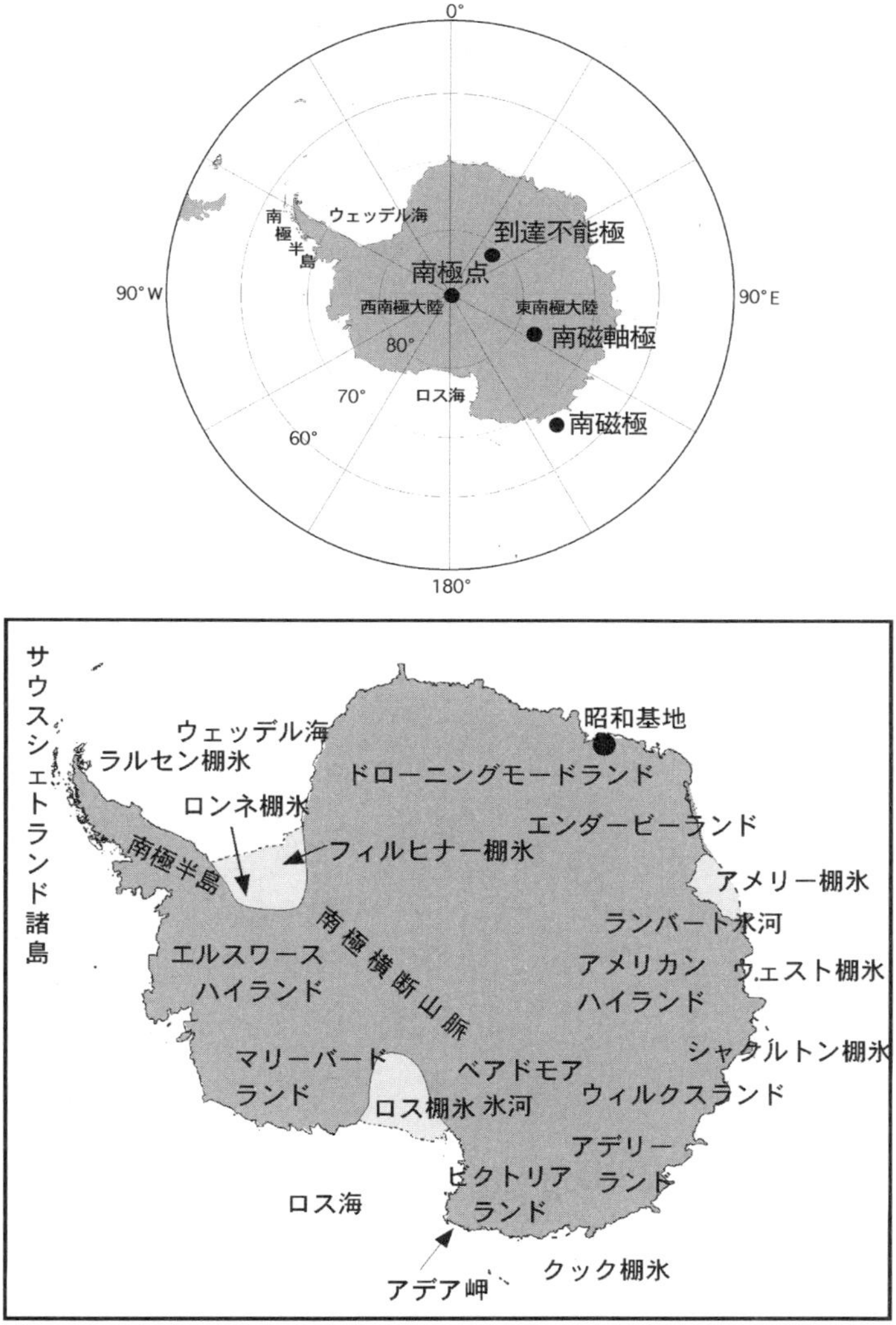

南極の四つの極（上）と南極大陸のおもな地名（下）

の情報や堆積物の情報なども含まれ、環境の変化を知る上でも役立つ図幅である。このように日本隊のカバーする地域は南極大陸の面積から考えれば決して広い範囲とは言えないが、その行動できる範囲内では最大限の努力をし、他の地域と比較しても勝るとも劣ることのない成果をあげている。

南極氷床の調査に関しても同様である。リュツォ・ホルム湾の奥に出口を持つしらせ氷河は、昭和基地の南に広がる内陸氷原一帯を流域に持つ大氷河である。その流域の調査もまた日本隊の責任範囲であった。日本隊は内陸の情報を得るため、調査の拠点としてみずほ基地を設置した。みずほ基地で越冬を重ね気象の情報を蓄積すると共に、内陸氷原一帯の標高や氷厚の測定を続け、氷床の動きを明らかにしていった。

南極大陸全体の地形図や地質図はほとんどアメリカとロシアによりまとめられ、出版されている。もちろんそのような図をまとめるときは、他の国の成果も含めるが、この両国は南極大陸内にそれぞれ複数の基地を有し、航空機や大型雪上車などの機動力を持っていることで可能となった。近年はそれに人工衛星のデータが加わり、それまで作成するのに苦労していた南極大陸の重力分布図も得られている。イギリスは各国の内陸の調査結果まとめ、南極氷床の姿を表すフォリオ（最大型の印刷物）を発行した。現在南極氷床の平均の厚さとして使われる二四五〇メートルの出典はこのフォリオである。

5 ＊ 南極全図の成果

◆南極の磁気分布図

日本の南極観測は昭和基地を中心に活動しているので、その成果の多くはどうしてもリュツォ・ホルム湾や内陸のみずほ高原という、いわば局地域に立脚した内容になる。そしてこのようなローカル色の濃い観測や調査の積み重ねが南極大陸の全体像の解明へとつながっていく。

故永田武先生は、このローカル色の必要性は十分認識された上で、南極大陸全体の地図上に表せるような研究をして欲しいと私たちを督励された。ローカルの研究・観測・調査でも、常に南極全体を視野に入れることの重要性も暗に指摘されていたのだと思う。

南極観測の各分野の中で、オーロラの研究はその展開が地上でもかなり広い範囲をカバーするが、それでも昭和基地の観測の成果を南極大陸全図に発展させるのは容易ではない。その他の分野ではなおいっそう難しいというのが、現場の心情であった。そんな折、フランスのグルノーブルで一九七六年に開かれたSCARの固体地球物理学常置委員会で、南極全体の磁気の分布図の作成を永田先生が提案された。この時、永田先生は同委員会の日本代表で、国土地理院の田島稔氏（その後国土地理院の院長になられた）が代表代理、私はオブザーバーであった。この出席は私にとって南極関係の国際会議への初参加で、一九八〇年代に入り、私は日本代表として同委員会に出席することになる。

永田先生の提案に反対する理由はなにもないが、問題はどこの国が引き受けるかであった。永田先生は田島さんに、日本で引き受けることにして国土地理院がやれないかと相談した。東京大学の永田研究室出身の田島さんにとって、永田先生の打診に対しては「承知しました」と言わざるを得ない。そんな下相談があったので、永田先生は引き受ける国がなければ日本がやってもよいと表明され、全会一致で日本が南極の磁気分布図を作ることに決まった。

そこで各国は一九七六年十二月末までに、得られている全地磁気データを国土地理院の田島さん宛に送ること、国土地理院はそれらのデータをまとめ、できるだけ早い時期（いちおうの目標は一九九七年末）に印刷出版することが確認された。そして作業はほぼ順調に進み、一九七八年一月、「南極の磁気分布図、1975」（六枚組）が完成し、各国に送られた。

この図が出版される前の一九七七年八月、アメリカのウィスコンシン州で開かれた固体地球物理学常置委員会へ、私は代表代理の資格で出席した。日本からの諸報告のひとつとして、磁気分布図作成の進捗状況を説明した。「各国の皆さんの協力でデータはほぼ順調に送られてきたので、年末までには図は完成する予定である。完成次第、英文の説明書をつけて各国に送る」と言うと全員が拍手をしてくれた。会議後、何人かは私に個人的に「日本はよくやってくれた」と言い、握手を求められた。私にとって日本を代表してのこのような経験は初めてであり、しかも各国代表が喜んでくれたので忘れることのできない思い出となっている。

実は、この出席者の拍手には裏がある。同委員会はそれ以前から、南極大陸全体の「重力分布図」を作る予定で作業を進めていた。その作業はソ連（当時）が担当していたが、ソ連の代表の報告の中でも作業は進行中と述べるだけで、完成年月を明言しなかった。そして、英語で表示されるのでしょうねと言う質問にも、やはりはっきりとした答えはなかったのである。そんな議論の後の私の明確な説明だったので、ソ連への皮肉も込めての拍手となったのである。何人かの地質の専門家からは地磁気の偏角図がないので、野外調査の時に困っていたがこれからは楽になる、できれば次のフィールドシーズンに使いたいと要望された。

◈重力異常図

この「磁気分布図」が日本が発行した「南極全体図」として表した成果の第一号である。しかし、その後も南極全図の成果は出ず、第二号が出るまでに十年の歳月を要した。第二号は私自身の手で出した。

ソ連が出版することになっていた「重力の南極全図」は、その後も出版されず、結局はうやむやになっていた。私たちは一九七〇年代後半から観測船「ふじ」に海上重力計を乗せ、日本から昭和基地までの全航路上で重力測定を実施していた。また一九八〇年代には内陸氷原での重力測定を繰り返した。重力は地球内部の構造をはじめ、地殻変動の検出の有力なデータになるなど、地球物理学上の基本データである。日本隊が測定した重力値については、データ整理の一環として昭和基地を中心とする重力の異常図は作りつつあったが、意を決して南極全体の図も作ることにした。

これには東京大学海洋研究所の瀬川爾朗《じろう》教授（当時）の全面的な協力を得て、東大の大学院生だった松本剛さん（現海洋科学技術センター）の頑張りがあり、実現した。私たちのデータだけでは不十分で、すでに公表されている外国隊のデータも用いた。ただ残念ながらソ連に集められていたはずのデータは最後まで使うことはできなかった。

一九八四年九月に「南極大陸フリーエア重力異常図」が極地研究所のスペシャルマップシリーズの第三号として出版された。極地研究所発足後初めて研究所の出版物として出された南極全図の成果である。

その後も私は「南極の地震活動」「南極プレートのダイナミクス」などの研究論文で、「南極全図」を使って結果を表示したことは何回かあるが、一枚の図としては発表していない。残念ながら他の分野でも、昭和基地の成果は次々に発表されているが、南極全図に表示されるものはほとんどみられない。たとえ昭和基地という南極のローカルな地域のデータであっても、常に南極の全体像が頭にあれば、結果は違ってくると思うのだが、この点に関しては永田先生の希望は満たされていない。

第四章　科学の大陸

1

＊ 宇宙に開かれた窓

◈宇宙に浮かぶ小さな惑星・地球

数百億光年の広がりを持つ宇宙、光速と同じ速さの宇宙船でも、その中を横切るのに数百億年という長い年月を要する。その広大な宇宙の中に存在する私たちの渦巻き状の円盤の形をしている銀河系は直径が十万光年、宇宙全体からみればそんなに大きな星の集団ではない。そんな銀河系の中で、太陽もまたごく普通の恒星であり、太陽を中心とする太陽系は地球を含む九個の大きな惑星、無数の小惑星、彗星などさまざまな固体で構成されている。

地球は太陽系の惑星の中で、水星、金星に続き第三番目の軌道を回っている。地球の直径は一万二七〇〇キロメートル、九個の惑星の中ではよく分からない冥王星《めいおうせい》を除くと、五番目の大きさであるが、地球型惑星では最大である。木星から外側の軌道を回る四つの惑星は木星型惑星と呼ばれ、水素やヘリウムという軽い物質で構成され、質量は大きいが密度は小さい。これに対し、地球型惑星は珪酸塩や金属鉄が主な構成物質である。

太陽系は四十六億年前に誕生したと推定されているが、中心には質量の大きな物質が集まり、周囲に質量の軽いガスや塵《ちり》が漂《ただよ》い太陽と惑星が形成されていった。したがって軌道の外側に位置する惑星は中心から離れているので、大質量、低密度になった。

地球には比較的重いガスや塵が集まり、一億年程度の短期間に、固体部分を大気が包むという現在に近い形が創成されたと推定されている。冷たい物質の集積で始まった地球はやがてその内部の温度が上昇し、火成活動が始まり、磁場も形成された。大陸と海が現れ、地殻、マントル、核という現在の内部構造ができあがった。

地球には次のような特徴がある。

・水がある（水の惑星・生命現象の存在）
・自転軸が太陽に対し、二三・五度傾いている（四季があり、極夜や夜のない日が出現する）
・磁場がある（磁力線に沿ってオーロラ粒子が侵入）

◆オーロラの源は太陽

太陽からのほどよい距離が平均気温一五℃前後の球体を作り、そのほどよい気温条件が地球上に水を存在させ、結果として生命が誕生し、人類が生まれたと推定されている。このように地球は宇宙空間に浮かぶ小さな天体でありながら、宇宙の中でも数少ない珍しい特異な天体となっている。

太陽からは、毎秒3.9×10^{26}ジュールという大きな値のエネルギーが、放射され続けている。地球はその二二億分の一程度を受けていると見積もられている。

太陽から飛来する陽子や電子は電気を帯びた荷電粒子で、プラズマ（粒子）と呼ばれる。太陽からはこのプラズマが絶えず流れ出しており、その流れをプラズマ流、あるいは太陽風と呼ぶ。一立方センチメートル当たり数個ほどある荷電粒子が秒速三〇〇〜五〇〇キロメートルの高速で流れている。

太陽風は太陽から四方八方に流れ出しているが、地球に近づくと、電気を帯びているので地球の磁場につかまり、磁力線に沿って地球の磁気圏に入り、オーロラを発光させる。したがってプラズマはオーロラ粒子とも呼ばれる。

オーロラが南極や北極で見えやすいのは、地球磁場の磁力線が集中しているからである。地球の磁気圏は太陽風によって、大きな影響を受け続けている。オーロラをはじめとする南極や北極での超高層における諸現象を観測・研究することは、磁気圏から太陽系全体にわたる情報を得ることになる。

両極域は磁力線が集中する地域のため、オーロラ粒子が飛び込み、宇宙空間の情報を運んでくるので、地球という小さなカプセルの中で、「宇宙を見る窓」である。

昭和基地のレイバンド（線状構造）型オーロラ

◆運ばれてくる宇宙情報

隕石や宇宙塵《うちゅうじん》は、地球上に居ながらにして得られる宇宙物質である。その中には宇宙創造、天地創造の情報が含まれている。生命の起源も同様である。生命現象あるいは生命の起源を探るのに必要な情報を含んだ隕石の存在が期待されている。「月よりの使者」と呼んだ月起源の隕石、さらには火星起源の隕石も発見されている。月や火星に行って岩石を採取するのとは比較にならない安さで、つまり費用がかからず貴重な標本が南極で得られている。このような珍しい隕石は少ないので、研究者たちはひとつでも多くの隕石を採取することを希望する。「少なくとも三〜四万個の隕石があれば……」とも言う。南極隕石の発見以来およそ二十年間で、それまで世界中で保管されていた総数約二千個の隕石の数倍の隕石が採集された。南極隕石の発見は、太陽風とは別の意味で、南極を「宇宙に開かれた窓」にしたのである。

2 ＊ 国際貢献

◆観測を継続する文化と国力

タロ・ジロの話をニュースで知る世代の人から「南極観測はまだ続いているのですか」と驚か

れ、こちらが戸惑うことがある。南極観測は人類が生存し続ける限り、継続する必要がある。南極という大陸が地球上に存在し続ける限り、その上で起こっているいろいろな現象を正しく把握し続けることが人類の生存にとって不可欠なことだからである。

地球上に起こるいろいろな現象、特に気象、地震、地磁気などの現象は継続してデータを取得することが必要となる。気温を毎日決まった時間に測定し続けることによって、初めてその測定点の平均気温が求められ、温暖化、寒冷化という議論もできる。その測定にしても、陸地の多い北半球ばかりで気温を測定し「温暖化している」と言っても、南半球の測定がなければ、その温暖化は地球全体の現象なのか、あるいは人口の多い地域だけの現象なのかと判定することはできない。

日本列島付近では地球上に起こる全地震の一〇パーセントが発生している。だからといって日本列島付近にだけ地震計を配置して観測を続けても、十分な研究ができるわけではない。地球上のできるだけ多くの地点に地震計を配置し、地震の震源を精度よく決めることにより、地球上で地震の多く発生する地域と少ない地域がはっきりと分かり、その理由が考えられ、学問が進歩していく。

現在、発展途上国でも、自国内に数点の気象観測所は設けている。ほとんどの国が気象観測はもちろん地震、地磁気あるいは重力、海洋に面した国なら海洋潮汐などの観測を国策として自国の領土内で実施している。しかし、自国から遠く離れた地域でこのような観測を続けるためには、その国にその必要性を理解する文明・文化が成熟し、経済的余裕がなければならない。金、人、文化という総合的な国力があって初めて、自国以外の地域での観測が可能になる。

昭和基地は日本から一万五〇〇〇キロメートルも離れた南半球の高緯度に位置する。近視眼的にみれば、昭和基地は日本列島やまして日常の日本人の生活とはほとんど無関係にみえる。そんなところに税金を投入して観測をする必要があるのか、という疑問がでるのは当然と言えるかもしれない。その観測の必要性を認め、実行できる文化や経済力、総合すれば国力が日本にはあると言えよう。

◈昭和基地も重要な観測点

昭和基地の両隣の基地はそれぞれ三〇〇キロメートル以上も離れている。昭和基地を東京とすれば、その両隣の基地の位置は仙台や名古屋に相当する。内陸側の隣の基地は南極点で、一二三〇〇キロメートルも離れているから、東京からは日本海を越えて中国大陸の奥地になってしまう。テレビの天気図や予報の内容を見れば分かるように、この数百キロメートルの間に日本では多くの気象観測所が点在し、気象データをとり続けている。もし、日本が昭和基地を閉鎖すると、日本列島で仙台から名古屋の間に観測所がなくなることになる。それではこの地域の気象、地震をはじめとする地球物理学的なデータや地球環境のデータは取得できず、人類にとって大きな損失となる。

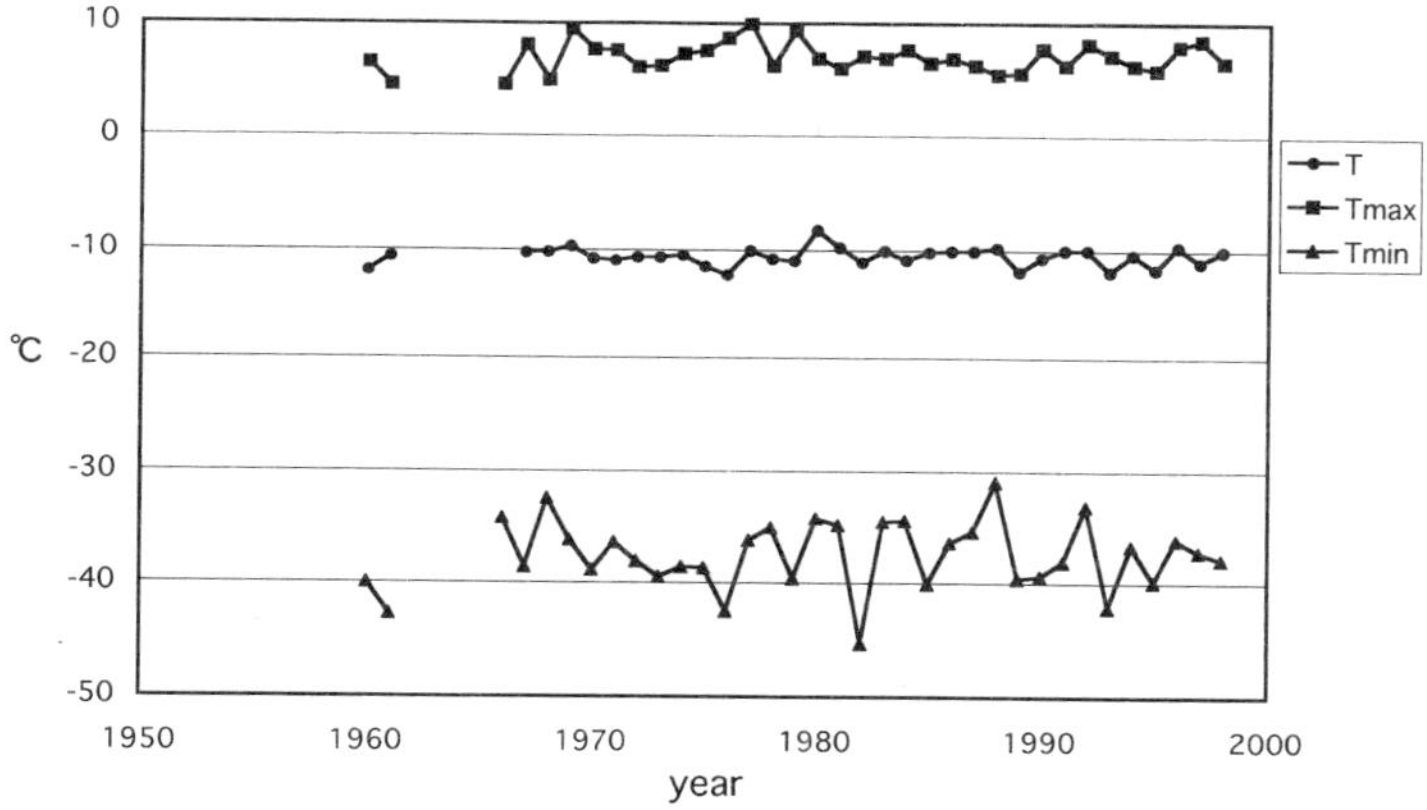

昭和基地の年平均気温（中）と、それぞれの年の最高気温（上）と最低気温（下）

一九六九年頃のことだったと思う。日本で当時の南極観測の実施機関であった東京上野にある国立科学博物館に、アメリカ沿岸測地局から「昭和基地の地震データが送られてこないがどうしてか」という問い合わせがあった。この問い合わせは東京大学地震研究所の私にすぐ送られ、アメリカに回答してくれと依頼された。私は一九六七年に第八次隊の地球物理担当として初めて昭和基地で越冬し、それまで観測だけをしていた地震観測データを、現地で整理し、世界の地震観測網のデータと一緒に震源決定に役立ててもらおうと、昭和基地からアメリカ沿岸測地局へ直接「地震の読みとりデータ」を送るシステムを作っていた。そして帰国後も、昭和基地の地震観測について助言をする立場にあった。調べた結果、地震を担当する隊員が慣れていないため、地震データの読みとりが進まず、データが送られていないことが分かった。

当時の昭和基地付近の地震観測データは東隣がオーストラリアのモーソン基地、西隣は南アフリカのサナエ基地から送られていたが、昭和基地からデータを送らないと、南極大陸の沿岸の三〇〇〇キロメートル以上が空白となり、インド洋で発生する地震の震源が精度よく求められないばかりでなく、一つひとつの地震のメカニズムの研究でも南からの地震データの欠落により正確さに欠けるのである。

◈真の国際貢献

一九九〇年の湾岸戦争で、日本は国際貢献ということで九十億米ドルの巨額を投入し、以来ことあるごとに「国際貢献」が叫ばれている。私は以前から南極観測は人類への大きな貢献と考えていたが、湾岸戦争以来「国際貢献」と自信を持って言うことにしている。日本は「国際貢献」という言葉が出現する三十年以上も前から、それこそ食料も十分にない時代から「国際貢献」を続けており、その目に見える成果のひとつは、誰にでも理解されるであろう「オゾンホール」の発見である。

国際的に富める国とみられている日本が、南極観測を続けるのは人類に対する義務である。二十一世紀も日本は昭和基地を維持し、少なくとも目先の利益はなにも得られないが重要な地球に関する基本的なデータを定常的に取得し続けるべきである。このような定常的な観測は五年や十年続けても、目に見える成果が得られるわけではない。「オゾンホール」の発見はオゾン量の連続観測によって十数年間という短い観測期間で得られた成果であるが、これは例外的である。新発見が次々になされるような観測データでない基本データの蓄積があって初めて、地球の温暖化や環境変動が正しく研究できるのである。このように人類の知的財産の蓄積に貢献することは、私たち日本人ができる最低限の「国際貢献」である。

3 ＊ 高感度センサー

◈孤立している南極大陸

人類の活動はおもに北半球が中心である。地球上の陸地と海洋の面積の割合は北半球が二対三、南半球が一対四で、北半球が南半球より二倍の面積の陸地を有する。しかも、その広い陸地に人類が発生し、紀元前から人類の活動が活発であった。特に十八世紀の産業革命以来の工業活動は北半球に集中し、二十世紀の後半には各地で公害が発生し、環境破壊が憂慮される状況になっている。

南半球の南アメリカ、アフリカ、オーストラリアの各大陸は北半球の大陸と陸続きで、人類の地理的分布は北半球から南半球へと連続的に続いている。ひとつの大陸にひとつの国家として独立しているオーストラリアですら、北側は幅一〇〇キロメートルのトレス海峡をへて、ニューギニアから、インドネシアやボルネオ、マレー半島を経由して、アジア大陸へと続いている。

そんな中で、南極大陸だけは南アメリカ大陸の最南端のフェゴ島からでもドレーク海峡を挟み一〇〇〇キロメートル、オーストラリア、アフリカの両大陸からはそれぞれ三〇〇〇キロメートル、四〇〇〇キロメートルの距離にある。南極大陸は地球上唯一の孤立した大陸で、高緯度にあり孤立しているので人類は存在せず、下等な動植物が生育するのみである。人類の活動地域から最も離れた大陸であるから、その活動の影響も受けにくい大陸となっている。

◈少ないノイズ

生きている地球は人類の有無にかかわらず、その創造以来有為転変《ういてんぺん》を繰り返している。その変化は当然、南極大陸でも起こっている。人類の活動地域から離れているだけに、南極大陸では地球上に起こっている環境の変化を確実に検知できることになる。南極大陸では地球上の環境変化の基礎となる情報が得られているのである。

例を炭酸ガス（二酸化炭素）で考えてみよう。炭酸ガスは工業生産や自動車の排気によって空気中に放出され続けている。十八世紀の産業革命以来の石炭、石油の化石燃料の使用により、人類の排出する炭酸ガスの量はこの二百年間で百倍も増加している。大気中の炭酸ガスの濃度は五十年間で一〇〜一五パーセントも増えた。

人間起源の炭酸ガスの放出量は南半球よりも、北半球がはるかに多い。地球全体の炭酸ガスの増加量は、北半球で増加した人間起源の炭酸ガスが南半球にも拡散され、平均化されて、全地球上の平均的な炭酸ガスの増加量となる。放出された炭酸ガスを森林が吸収する効果もあるし、熱帯雨林の伐採による吸収量の減少も地球上の炭酸ガスの増加の検討には考慮が必要である。したがって、北半球で炭酸ガスの量を測定すると、人間の放出する炭酸ガスがノイズとして入り込む割合は多いし、季節変動もある。ノイズの混入も含め、北半球での炭酸ガス量の季節変化は南半球の五倍にもなる。したがって、測定値を直ちに全地球的な炭酸ガス量とすることはできない。

これに対し南極は人間活動による汚染源はほとんどないし、森林をはじめとする陸上の生物活動のある地域からも離れている。そこでの観測結果は地球上の炭酸ガスの変動を北半球よりはるかに正確に記録していると推定される。

このように南極は観測隊の活動はあるものの、人間起源の汚染源は無いに等しく、生活活動のある地域からも離れている。ノイズが少なく、炭酸ガスをはじめとする空気中の微量成分の観測や測定では、正確な結果が直ちに得られるので、南極は地球環境変動に対する「高感度センサー」となっている。

ドームふじ観測拠点。建物の半分は雪面下に埋まっている（写真提供・東敏博氏）

◆南極氷床の語るもの

南極の氷床は降り積もった雪が、積雪の圧力によって固まり、氷となって形成されている。したがって、氷床氷の中にはその氷となった雪が降った時代の空気が閉じこめられ、無数の気泡となって残っている。氷床中には過去の空気が化石のように含まれているのである。その気泡中の空気を分析することによって、その雪が降った時代の気温を推定できる。

日本隊も南極内陸氷原の「ドームふじ観測拠点」（南緯七七度一九分、東経三九度四二分、三八一〇メートル）で二五〇〇メートルの氷床掘削に成功している。二五〇〇メートルの深さの氷床は三十五万年前に降った雪と推定されるので、この二五〇〇メートルの氷柱サンプルを採取できたことは、人類が現代から三十五万年前までの地球上の気候を知ることができる試料を得たことで、その解析結果が期待されている。

南極隕石は地球上で最も汚染されていない状態で採取されている隕石である。天地創成から今日までの情報が含まれる貴重な資料が、南極氷床というタイムカプセルに入っている南極は、地球環境変動を調べるのに最も適した場所と言えよう。

4 ＊南極がそこにあるから

◆地球上の一区割

一九六六年、私が初めて南極越冬隊員に決まったときのことだった。「なぜ南極観測をするのですか」と問われ、思わず「南極大陸があるから」と答えてしまった。「なぜ山に登るのか」と聞かれ、「そこに山があるから」と答えた登山家の真似をするつもりはなかったが、結果的にはそれと同じになってしまった。しかし、この答えは確かに核心をついていると思っている。日本の南極観測の体制は、ＩＧＹに備えての臨時体制であった。地球上にある南極大陸を知ること、そこでの観測を継続することを目的に恒久体制を整えて、一九六五年、新造船「ふじ」で昭和基地が再開された。

地球を家や城郭にたとえてみよう。家の見取り図がなければ、その家を使いこなせない。城郭の隅々《すみずみ》まで知っていなければ、その城は守れない。家の中に開かずの間があったり、城郭の中に開かずの扉があり、ある場所の様子が分からなかったりすれば、気持ち悪くてその家や城郭に住みたくない。地球上の人類も同じである。地球上の隅々まで知ることにより、人類の生活している環境が分かり、その未来を考え、天変地異や自然災害にも対処できるのである。

地球上にありながら、南極大陸はその姿がほとんど分からず未知の大陸だったので、ＩＧＹで南極観測を実施したのである。ＩＧＹから十年たった一九六六年頃でも、南極大陸の姿はようやくその厚いベールが除かれ出した時であった。日本は昭和基地を中心に東経三〇度から四五度の海岸線沿いの地域の二五万分の一の地形図を作成することになっていた。しかし、東経三八〜四五度の間で二枚の地形図は出版されたが、東経三〇度までの地形図が完成したのは、人工衛星の撮影した写真が地図作成に使えるようになった二十年後の一九八〇年代になってからであった。

ＩＧＹ以来、南極氷床の厚さの調査は続いているが、その平均の厚さについて、誰もが納得する数値は得られていなかった。南極の氷が増えているか減っているかも、十年間の測定では結果が出ていなかった。南極氷床量の増減については十年間どころか、四十年が経過した今日でも、はっきりした結論は得られていない。

◆南極観測は知的財産の蓄積

地球上にある大陸のひとつとして、その上での気象や地震の観測が人類にとって必要であることはすでに詳述している。ＩＧＹの昭和基地での観測は気象やオーロラに重点が置かれ、地震、重力、地磁気などの観測や測定は実施したことに意義があるといった内容であった。当時の内陸調査旅行にしても、探検的要素が強く、やまと山脈までの内陸氷原に足跡を印したことに意義があった。日本製の雪上車が南極大陸でも使える目途がたち、内陸旅行の経験が蓄積された。その経験の上に、一九六八〜六九年の昭和基地から南極点までの往復旅行が達成された。

昭和基地での諸観測を継続することに加え、大陸の姿の解明が人類にとっては不可欠なことであった。南極観測の再開により、日本は雪氷学や生物学の観測・調査も行うようになった。昭和基地付近の南極氷床にもようやく科学のメスが入ることとなった。現在、昭和基地付近で最大のペンギンルッカリーの発見は一九六七年になってからである。南極はまだ未知の大陸であり、日本の南極観測の再開は南極大陸をよりいっそう知ることに貢献することであった。地球上に南極大陸が存在する限り、その姿を知り、そこで起こる現象を記録し、その現象の変化を追跡することが欠くことができないし、そうすることが人類の知的財産の蓄積にもなる。

南極があるから、そこでの観測は必要となる。

5 ＊ 科学観測の未来

◈昭和基地の三つの役割

二十一世紀の日本の南極観測はどうなっていくのだろうか。「国際貢献」で詳述したように、陸地の少ない南半球にある南極大陸であるから、そこでの気象、地震などの地球物理学的な観測を継続するのは、文明国の義務といえよう。

昭和基地の地球上のひとつの観測点という役割は人類が続く限り必要となる。昭和基地では、二十世紀と同じように二十一世紀も気象、地震、重力、地磁気、海洋潮汐などの観測は続けられる。気象観測のなかには、気圧や気温という天気予報に直接必要な気象要素のほかに、オゾン量、炭酸ガス量など環境変動の指標となる要素も含まれる。重力や海洋潮汐の観測は、陸地の上下変動や海面変動を検知する役割を果たす。

「地球物理観測所」という役割に加え、昭和基地は「観測・研究施設」という任務もある。昭和基地はオーロラ帯の下に位置し、観測条件に恵まれており、地球上でも有数なオーロラ観測所である。オーロラは極地方の特有の現象であるから、その出現する地域でなければ観測できない。

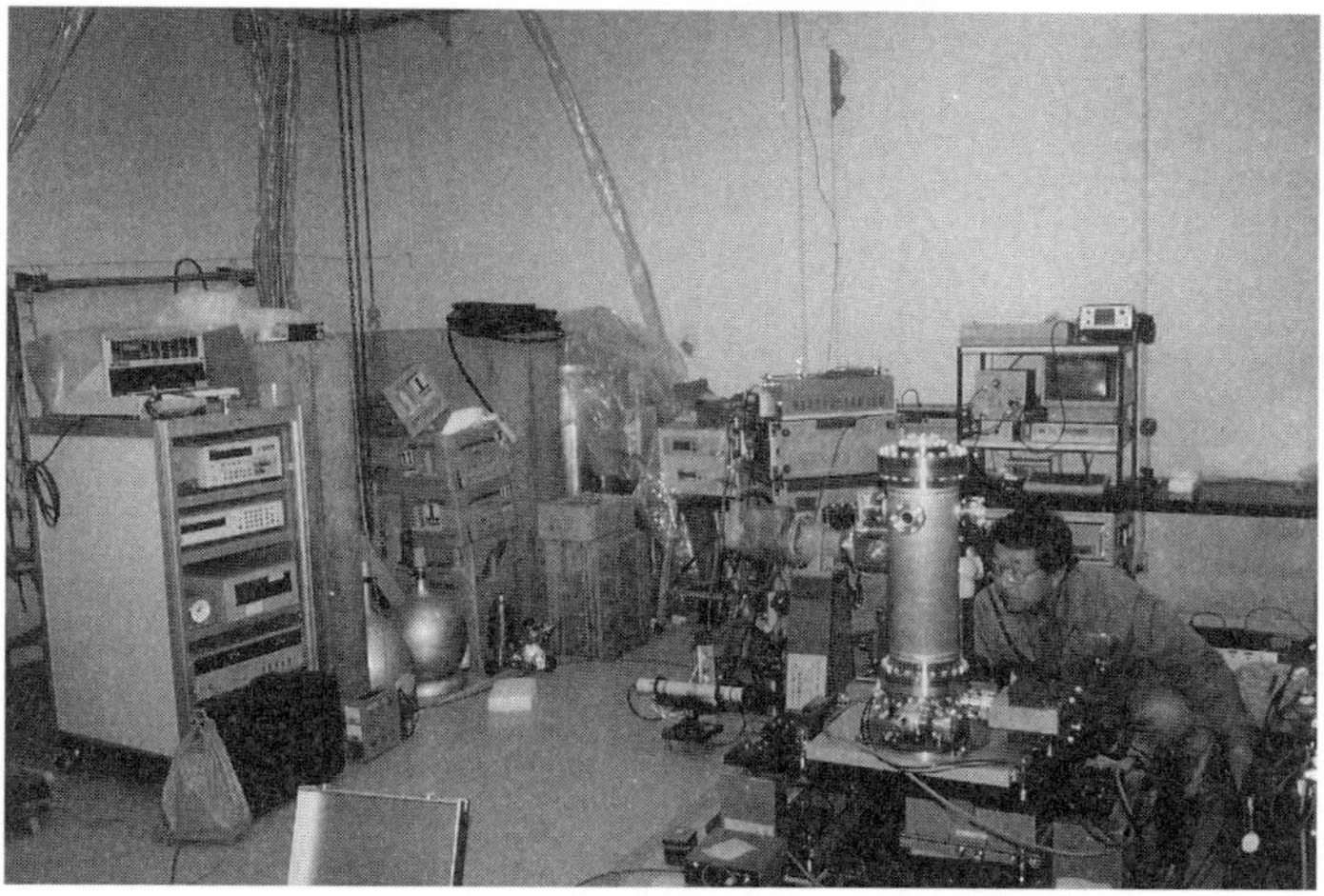

昭和基地での重力の絶対測定（写真提供・坪川恒也）

日本ではほとんど見られない現象であるから、これを研究したい科学者は時には自分自身が南極に滞在し、オーロラ現象を観察する必要がでてくる。したがって、昭和基地は観測所に加え、研究施設としての役割も含まれてくる。

大型のパラボラアンテナは昭和基地の研究施設としての象徴である。人工衛星からのデータを受信したり、宇宙からの電波星の信号を受信して、研究のデータを集めている。

南極にしか生息していないペンギンの研究者にとっても、事情は同じである。研究者は夏の間あるいは一年を通して、昭和基地に滞在して、必要な観察をしてデータを集める。

この「観測所」、「観測・研究施設」という二つの役割に加え、内陸への「前進拠点」という機能も昭和基地にはある。内陸氷原の「ドームふじ観測拠点」への人員及び資材の補給はすべて昭和基地から行われている。

内陸の隕石探査は昭和基地を拠点に行われている。内陸のやまと山脈の南に広がる青氷地帯の氷原は「隕石氷原」と呼ばれるように隕石が集積する地域である。珍しい隕石を求め、二十一世紀もこの地域での隕石探査は一定の間隔をおいて継続されるであろう。当然昭和基地はその拠点となる。

◈調査域の拡大

やまと山脈、ベルジカ山脈や沿岸露岩域の地質調査や地形調査は概査、精査の時代もほぼ終了した。一九八〇年代から一九九〇年代にかけて地質や地形の研究者の興味は西側のセールロンダーネ山地や東のエンダービーランドに向けられた。セールロンダーネ山地の調査のために、「あすか観測拠点」が設けられ、一九八七年から一九九一年の五年間、九〜十名で越冬が行われている。エンダービランドの調査は夏の二か月間に集中して行われている。これらの調査に参加する隊員は、「しらせ」が昭和基地に到着する前に調査域に入り、約二か月間のキャンプ生活をしながら調査をする。そして「しらせ」が帰国の途につくときに収容されるので、昭和基地を訪れる機会がなく帰国することもある。一九七〇年代、みずほ基地を設けて実施された内陸みずほ高原の雪氷調査も一段落している。

一九九〇年代、日本の雪氷グループは「ドームふじ観測拠点」での氷床掘削に全力を注いでいるが、この調査が一段落すると、彼らの興味は「南極氷床の動き（ダイナミクス）」を探ることになろう。そのためには調査域が拡大する。

このようにみると、雪氷グループや地学グループの新しい野外調査のためには、昭和基地の前進拠点としての役割は低くなりそうだ。むしろ新しい調査域に即応した体制の拠点作りが不可欠となろう。

◈国際化に対応する体制の確立

南極観測は国際協力がタテマエとなっている。事実、日本の南極観測の予算の中には「国際共同観測」という項目があって、外国の基地を訪れ、共同研究が実施されている。一九七九年からの約十年間、私はこの予算を使って、アメリカ、ニュージーランドとの共同研究で「エレバス火山の地球物理学的な研究」を実施し、火山噴火と地震活動の関係を明らかにした。しかし、日本の研究者が外国の基地を訪れたり、観測隊に参加する数に比べ、昭和基地を訪れる外国の研究者の数は数分の一と非常に少ない。外国基地に世話になる割合が圧倒的に多いのである。

その最大の理由は、輸送力に問題があるからである。昭和基地へは「しらせ」が年一回、補給に訪れるだけで、その一回の航海ですべての人員と資材とを運んでいる。したがって、昭和基地を訪れる人数は、「しらせ」のベッド数で決まってしまう。観測関係者用のベッド数は六十数床であるから、外国人に割り当てられるのは毎年一〜二床程度になってしまう。外国からの参加希望はあっても、なかなかそのすべてに応じられないのが実状である。

昭和基地は実は国際化からはるかに遅れた、南極の過疎地である。「観測所」という役割だけを考えれば、過疎でもなんの問題もない。しかし、「観測・研究施設」、「内陸への拠点」という役割は、交通の便、つまりアクセスが便利でないと訪れようとする外国の研究者は少なくなる。また年に一回だけの昭和基地に行く南極航路では外国の希望者がいても、すべてには応じられない。いくら良い設備、良い研究フィールドがあるにしても、外国との交流が少ないと、閉鎖的で孤立した研究環境になってしまう。

昭和基地できちんとした観測をし、論文を発表すればそれでよいというのでは、世界の研究環境からは遅れ、南極オリンピックでの敗退を意味することになる。昭和基地がより多くの外国人に開かれることにより、日本の南極観測も新しい時代に入れるのである。昭和基地への輸送手段については、「しらせ」の二往復、飛行機の利用などが検討され始めている。二十一世紀の日本の南極観測は陸に海にその活動の領域は拡大されていくことは間違いない。調査目的によって、新しく前進拠点の建設や新基地の設置も検討することになろう。

ただし、仮に南極大陸のあらゆる分野の調査がし尽くされたとしても、「観測所」としての昭和基地の役割がなくなることはない。

第五章　南極観光

1 ＊ 南極観光の是非

◈何のための南極か

南極条約は南極での活動を科学活動に限って、認めている。しかし、現実には一九六〇年代後半から、南極観光は実施されてきた。最初はアプローチが容易なサウスシェトランド諸島や南極半島先端付近に限られていたが、一九八〇年代からは、ロス海一帯や内陸のパトリオットヒルズにも拡大した。

その間には、オーストラリアやニュージーランドから南極上空まで大型ジェット機で飛び、空からそれぞれの国の南極基地や南極の風景を見物するという日帰りの観光飛行も行われた。この飛行は手軽に南極の景観に接することができると人気を呼び、どの飛行も満員盛況だったと聞いたことがある。

観光客は次第に増え、一九九〇年代には、年間といっても南極の夏、十一月中旬から三月初旬までの四か月間で一万人弱で推移していた。ところが、ミレニアムの一九九九〜二〇〇〇年には五〇パーセント増の一万五千人になった。

南極観測関係者は南極観光を強く批判している。しかし、南アメリカ大陸の国々には国策としても、南極観光を推進したいとの希望があり、現実には一九八〇年代、南極の基地内に民間人も宿泊可能なホテルが建設された。南極条約に罰則規定がないので、南極観測関係者が南極観光を批判しても、同じ国の旅行業者は南極観光を推進しているという矛盾したことが起こっている。南極へ行く観光客が多いのはアメリカだそうだが、日本人も少なくないようだ。

南極観光を推進している業者は、その批判に対して次の論法で反論している。

一、南極は科学者だけのものではない。人類共通の財産であるから、行きたい人、行くチャンスのある人は行ってもよいではないか。

二、環境保護については、出発前に十分注意し、南極に経験のある専門家を案内につけ、現場でも注意している。

三、南極滞在期間を考えると、観光客一万人が平均十日間滞在するとして十万人日となる。観測隊は夏期間活動するいわゆる夏隊は各国すべてを合計してもおよそ六千人で、平均二か月間滞在するとして三十六万人日、越冬隊は一千人で四十万人日となる。南極に滞在する以上、観測隊も観光客も南極を汚すことに変わりはない。観光客に比べ、滞在日数が数倍と多い観測隊が、南極を汚す割合のほうが断然多いではないか。

しかし、私はこの論法に対し次のような反論を加えてきた。

一、少なくとも南極観測は人類のために実施しており、そこで得られた知見は人類共通の財産となっている。

二、観光はあくまで個人の好奇心を満足させるものである。個人の欲望を満足させるために南極を汚すべきでない。

◆最高峰への登山

南極の最高峰ビンソンマシーフ（四八九七メートル）は登山家や冒険スキーヤーにとって魅力あるターゲットである。チリのプンタアレナスから南極のパトリオットヒルズまで大型プロペラ機で飛び、さらに小型機で山麓まで行き、そこから山頂を目指す。パトリオットヒルズにはチリの観測用の夏基地と観光客用のキャンプがある。キャンプはジェームスウェイテントと呼ばれるかまぼこ型テントであるが、シャワーも使える、もちろん民間会社が運営している。

山頂を極めたある日本の登山家は、帰国後あちこちで南極最高峰の登頂についての講演をしていたが、その中で必ず「私たちは小便以外は汚物もゴミもすべて持ち帰った。南極を少しも汚さず登山してきた」と話している。この話を聞き、私はすぐその人に、「あなた方は確かにゴミは持ち帰ったが、あなた方を運んだ飛行機は、あなた方が持ち帰ったゴミよりはるかに広範囲で南極の空を汚しているんですよ。だから、南極を汚さず登山したとは言わないで欲しい」と反論した。するとその登山家はしばらく絶句していたが、ポツリと「人間は勝手なんですね」と言った。しかしその後も、相変わらず同じ講演を続けていると、人づてに聞いた。

◈南極観光に反対する理由

私は日本で南極を知る人間の中では、南極観光に最も強く反対する者であろう。たとえば、一九九六年、南極一周の観光船が昭和基地を訪れたいと打診してきた時も、関係者の間で拒否するべきだと明言したのは私だけで、大方は時代の流れで黙認あるいは仕方がないというような意見だった。結局は、観光客が初めて昭和基地を訪れることになった。

ニュージーランド航空機事故の死者を追悼するために
エレバス山北側の現場近くに建てられた十字架

私が南極観光に反対するのは、それなりの理由がある。一九七九年十一月二十八日、南極のエレバス火山山麓に、ニュージーランド航空の南極観光機DC-一〇が墜落し、乗客乗員二五七名全員が死亡するという事故が起こった。この事故の詳細はすでに書いているので(『南極の現場から』新潮社)割愛するが、この時私は事故現場近くのアメリカのマクマード基地に滞在していた。マクマード基地のヘリコプターは遺体収容に動員され、観測活動は一か月間できず、どの観測計画も大きく予定を変更せざるをえなかった。幸い、私の計画は縮小されたが一か月遅れで実施でき、被害を最小限に食い止めることができた。しかし、一年間準備して南極に来たにもかかわらず、中止になったプロジェクトも少なくなかった。この観光機には乗客のおよそ一〇パーセントにあたる二十四名の日本人も乗っていた。事故後、遺体の収容を待つ日本人遺族がニュージーランドを訪れ、事故現場を訪れたいとニュージーランド側に申し入れ、現地の関係者たちを混乱させた。一般の人たちが泊まれる設備もないスコット基地では、遺族の受け入れが困難なことは明らかで、相談を受けた私は一人も受け入れるなと助言した。

その経験で分かったことは以下の点である。

一、事故が起こっても観光旅行の主催者側に、現場での事故処理能力はない。

二、事故現場にもよるが、一般的には死亡事故の場合、遺体も遺品も回収できる可能性はほとんどない。

三、日本の旅行業者は、このような実情を知らせることなく、客集めをしている。

したがって、私が南極の観光旅行に関して一般の人から聞かれた場合、「もし事故が起こった場合、他からの救援は期待できないこと、死亡事故の場合、遺体も遺品も戻る可能性が低いことを家族に理解させておくこと」と助言することにしている。たとえば昭和基地の近くで、観光船が氷山に衝突し沈没しそうになったとする。そもそも南極観光船と昭和基地は無関係だから助けに行く義務はない。また人道問題として救援に行くにしても、「しらせ」の到着前だと、昭和基地からは行きたくとも海上の事故では救助に行く手段がない。昭和基地ばかりでなく、沿岸の各基地には氷海を航行できる船がない。どこの基地でも事情は同じである。

一九八五年一月にマクマード入江で「スコットの足跡をたどる」という冒険旅行隊を迎えに来た船が、氷に押しつぶされ、沈没したときも、全員を救助したのはマクマード基地のヘリコプターであった。

私が南極観光に反対の立場をとる最大の理由は、環境破壊ではなく、事故が起こったときの対策がないからである。観光機の墜落も船の沈没も、基地の近くで起こったのは不幸中の幸いであった。しかし、この事故にしても基地から離れた所で起こっていれば、生命の危機もあったし、遺体、遺品も戻ることはなかった。ただ近年は少し事情が変わってきた。一九九七年十月、南極点でスカイダイビングを試みた六名のうち、三名のパラシュートが開かず、地面に激突し、死亡する事故が起こった。この三名の遺体は、スカイダイバーを乗せてきた飛行機でただちに収容され、パトリオットヒルズに運ばれたと聞いた。

◈二十一世紀の南極

私も南極条約が科学活動だけを許しているとはいえ、南極が科学者だけの世界でないことは理解している。しかし、未知の大陸、汚れの少ない大陸だから、そこでの人類の活動は十分な注意が必要である。特に個人の欲望を満足させるだけの観光や冒険はなるべくすべきでない。ただし、単に禁止だけを主張するのではなく、南極観光や南極での冒険はいかにすべきかのルール作りが必要であるとくり返し述べてきた。そして、事故の場合の救援体制の検討と観光・冒険のルール作りを二十世紀の間に済ませ、二十一世紀には南極がすべての人に開放されるよう準備すべきとも主張してきた(たとえば『南極一〇〇年』ほるぷ出版)。

ルール作りは進んでいないが、南極条約議定書が発効し、南極へ行く人全員がその行動をいちおうはチェックされる体制ができた。二十一世紀の南極は好むと好まざるとに関わらず、多くの人に門戸が開かれていくのは間違いない。そして、南極に行く人は観測であろうと、観光であろうと、南極についての知識と高い教養を身につけて行って欲しいと願う。それが結局は、人類共通の財産を末永く、後世に伝えることになると信じるからである。

2 ＊ 探検と冒険

◆観測か探検か

国際地球観測年の南極観測に参加が決定した頃、日本国内では南極観測は観測か探検かの議論があったということが、いろいろな文献にみられる。南極観測を実施する国(文部省)のタテマエは、あくまでも観測であったが、実際には未知の大陸であるから探検的な要素が含まれるのは当然であった。むしろ観測を助ける設営関係者からは、未知の大陸だから探検的要素なしでは不可能あるいは無意味というホンネも聞かれた。

南極観測が始まり十年が過ぎると、南極大陸の概略は分かってきた。内陸氷原には標高は四〇〇〇メートルを超える地域があり、そこでの氷床の厚さは四〇〇〇メートルに達し、平均気温はマイナス五〇℃、最低気温はマイナス八〇℃になるなど、それまでに得られていた南極大陸像は大きく変わった。

各国の南極観測・調査は一九六〇年代で概査の時代は終わり、その後は精査の時代に入った。概査の時代、内陸氷原を雪上車で走り回るだけでも、そこがどんな所で、気温は何度ぐらいかというような情報が得られ、その情報は未知の大陸の内部の姿が分かるという意味で価値があった。まさに内陸の情報を得るための探検であった。しかし、精査の時代に入ると、ただ走り回っても意味をなさなくなった。得られる情報は、すでにほとんど分かっているものばかりだからである。

ＩＧＹで基地が建設され、年間を通じ人が住むようになっても、南極点は冒険家にとっては魅力ある場所であった。むしろ南極観測によって明らかになった南極大陸の姿が、世の中に広まるにしたがい、南極点に興味や関心を示す人々が現れ、そして増えていった。そのような人々は、単独あるいは隊を組織して、南極点を目指した。

◈「科学調査」と称する冒険旅行

一九七〇年代から八〇年代に南極点を目指した人々は、南極条約の意を汲んでなんらかの科学調査の目的を掲げていた。単なる冒険旅行ではスポンサーからの資金の援助も受けにくいとの背景もあった。このように「科学調査」を掲げた「南極探検隊」を私は「観測ごっこ」と呼び機会あるごとに批判し続けた。それには次の三つの理由があった。

第一は精査の時代に入った南極大陸の科学調査は、冒険旅行の片手間にできるものではない。各国とも南極観測での内陸調査は、南極大陸の姿を解明していくという長期的な計画のもとに用意周到な準備をして、ようやく成果を挙げているのである。私は前宣伝を大々的にやったこのような冒険旅行隊がどんな成果を挙げたのか聞いたことがない。行く前には大々的に取り上げるジャーナリズムも、ことが終わるとなんの報道もしなくなる。少なくとも南極情報には敏感にアンテナを張っているつもりの私たちの耳に入ってこないのだから、成果はほとんど無かったと推測している。

第二の理由は、冒険は結局は個人の欲望を満足させるものに過ぎない。そんな個人の欲望を充足するために南極を汚して欲しくなかった。

第三の理由は、「科学調査」を標榜すれば、マスメディアはそれを大きく取り上げる。欺瞞的な冒険集団に対して世の中がきちんとした目で見ていないことへの個人的な心配である。私自身、このような冒険集団の不条理は見抜いていたつもりであるが、マスメディアは「本物」でないものを宣伝し、世間はそれを信じていることが少なくなかった。この第二の理由については、私たち南極観測を実施している者は税金を使っているのだから、冒険集団とは比較できない成果を出し続けるべきであるという自分への自戒を含めての反対理由でもある。

南極冒険旅行に対してのマスメディアの報道には、もっと滑稽《こっけい》なものがある。一九八〇年代にある人がオートバイで南極点を目指した。行く本人は企業に協力してもらい、低公害車を開発してもらったので、「南極を汚さないで、旅行できる」と公言した。しかし写真を見る限り、旅行中の自分の出したものやゴミ処理については、十分な対策がなされているようにはみえない。そしてマスメディアは「低公害車で環境保護を訴えながら南極点を目指す」と報じた。

南極大陸内にはペンギンはおろか人間もいない。そこで誰に「環境保護」を訴えるというのだろうか。まさに噴飯物であった。南極条約による「南極では科学活動に限る」との精神に気を使いながら冒険旅行をしようとすると、このような矛盾が生ずるのである。しかし、善悪は別にして、一九九〇年代に入ると「南極条約」を気にしない冒険家が現れてきた。私は素直に気持ちを表して、冒険旅行と明言されたほうが、賛成はできなくとも、好感は持てる。

一九九七年の死亡事故にもかかわらず、ミレニアムを記念して、二〇〇〇年元旦に南極点にパラシュートで着陸を試みようとしたスカイダイバーの数は二十人を超えた。しかし、悪天続きのため、パトリオットヒルズで二週間待っても実現できなかったという。

観光と同じように、南極への冒険旅行もまた二十一世紀には、全面的に認めざるを得ないのは時代の流れである。世の中で一般的に冒険旅行に対し、どのようなルールがあるのかは知らないが、南極でのルールは確立すべきである。

南極条約議定書に従えば、これからは南極に持ち込んだ物は必ず持ち帰るという基本ルールがある。そのルールに従うことは当然であるが、その行動確認申請の審査に当たっては、汚物、ゴミなどの処理に対し、より厳しくすべきである。南極に行ってしまえば誰の監視も受けない旅行となる。「個人の欲望を満足させるために、人類共通の財産を汚さない」という大前提で、申請通りになるか否かを審査して欲しいと願う。

また、事故が起こったときの救援体制の確立も当然のルールとなる。どの国からどんな手段で救援に行くのかが、事前に十分に南極関係者を納得させる内容でなければならない。残念ながら二十一世紀に入った今日でも、この点に関しての答えは出ていないと思う。

このように南極大陸内の冒険旅行が認められる条件は、「環境保護」と「救援体制」のルールをきちんとすることである。そのようなルールが確立されれば、冒険旅行も堂々と許されるだろうと考えている。

3 ＊ 南極観光最前線

◆南極観光の始まり

南アメリカ大陸南端から約一〇〇〇キロメートル、ドレーク海峡を渡るとサウスシェトランド

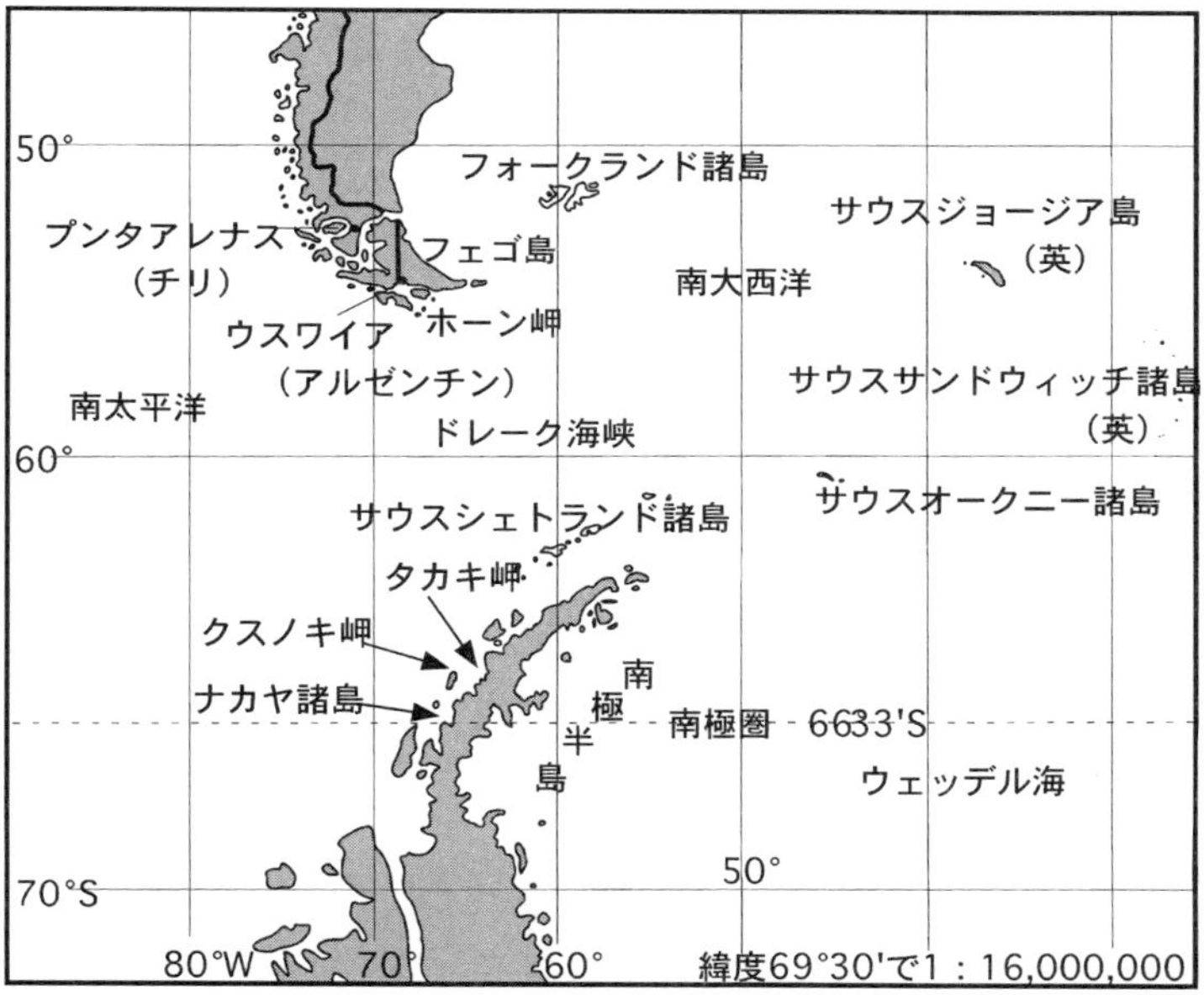

ドレーク海峡周辺図

諸島から南極半島先端付近に達する。この付近は十八世紀末から十九世紀初めにかけ、捕鯨船やアザラシ狩猟船が活躍し、南極の地理的発見がなされていった地域である。

二十世紀前半にはアルゼンチンやチリが領有権の主張と共に基地を建設し、年間を通じて人が住むようになった。この地域の領有権争いにはイギリスも加わり、一九五二年にはデセプション島でアルゼンチン海軍がイギリス海軍に発砲するという事件が起こった。これらのことはすでに述べたが、幸いなことにこの衝突後は大きな事件もなく、

IGYを迎え、「南極条約」の締結なった。

そして一九六〇年代に入ると、南極半島先端やサウスシェトランド諸島近辺に観光客が訪れるようになった。ただし、「南極観光」と名づけても、この地域は南緯六六・五度の南極圏の北側にあり、厳密な意味での南極ではない。ここで言う「厳密な意味」とは、南極（極地）とは緯度六六・五度よりも高緯度な地域であり、そこでは「少なくとも一年のうち一日は太陽が沈まない」（夜がない）あるいは「太陽が昇らない」（極夜）日があるということである。

夏でも夜になると暗くなり、時には雨も降るこの地は、昭和基地のような南極大陸の基地に滞在した者にとっては、とても南極とは思えないのである。しかし、陸地は氷河に覆われ、海岸にはペンギンが歩き回り、アザラシが寝そべる風景はまさしく南極である。「南極のようで南極でない。南極でないようだが南極である」というのがこの地の姿であり、私の正直な実感である。

◈サウスシェトランド諸島の動物たち

サウスシェトランド諸島は南極の象徴であるペンギン、アザラシが多数生息する地域である。ペンギンでは昭和基地をはじめ、南極大陸の沿岸のどの地域で見られるアデリーペンギンのほか、大陸周辺では見られないマカロニ、ゼンツー、アゴヒゲの四種類がいる。アザラシはウェッデルのほか、昭和基地周辺ではほとんど見られないカニクイ、ヒョウ、ミナミゾウのほかナンキョクオットセイも生息している。オットセイはアザラシと同じ鰭脚《ききゃく》類《るい》の仲間であるが、耳介《じかい》（耳た

昭和基地付近・ルンパ島のアデリーペンギンルッカリー

キングジョージ島のミナミゾウアザラシ(すべてメス)

ぶ）があり、後脚（うしろ足）が前方へ折れ曲がるため、陸上でも歩きやすく、愛嬌のあるある歩き方は水族館でのショーで人気を得ている。

ナンキョクオットセイと共に、繁殖地が北方の亜南極の島じまにいるのがミナミゾウアザラシである。ともに海岸にハーレムを形成し、集団で繁殖する。ミナミゾウアザラシの雄は体長六・五メートル、体重三・六トン、雌はそれぞれ三・五メートル、一トンにもなる大型動物である。ミナミオットセイは雄は体長二メートル、体重一五〇キログラムになるが、雌は一・五メートル、五〇キログラムと雄に比べはるかに小さいのが特徴である。

私がキングジョージ島にあるチリのフレイ基地を訪れたとき、ミナミゾウアザラシは人を襲うから注意しろと言われた。鈍重な動きのウェッデルアザラシの動きしか知らない私であったが、ウェッデルアザラシよりひとまわり大きくてさらに鈍重そうなミナミゾウアザラシが人を襲うというこの話を最初は信じられなかった。その後、アザラシが人を襲う様子を知って納得した。南極の海岸は砂浜は少なく、あってもあまり広くない。切り立った断崖の下に狭い海浜が点在する。そんなところにもアザラシは寝そべっている。ウェッデルアザラシは人間が体にでも触らない限り、人間に立ち向かうことはないし、少なくとも人間から逃げる。しかし、ミナミゾウアザラシは気が強いようで、確かに人間に向かってくることがある。うっかり近づきすぎて、アザラシが自分に向かってきたら、砂浜を海沿いに逃げれば、なんの危険もない。アザラシの動きより、人間の動きのほうが早いからだ。ところが、崖に向かって逃げると、運が悪いとアザラシに崖下に追いつめられてしまう。「崖っぷち」ならぬ「崖下で絶体絶命」という光景である。相手が大きいので恐怖感も伴い、人間の動きが悪くなり、足を咬《か》まれることになる。フレイ基地では防寒着の上から咬まれ、大けがをした例はかなりあるらしい。

◈乱獲の時代

南極域にアザラシやオットセイが多数生息していると最初に報告したのは、ジェームス・クックと言われている。一七五五年、サウスシェトランド諸島（当時は未発見）の北東方一五〇〇キロメートルのサウスジョージア島でナンキョクオットセイを発見したのがその始まりである。その報告後、この海域にはイギリス本国をはじめ、当時の若い国アメリカ、オーストラリアなどから、脂や毛皮を求め多くの狩猟船、さらには捕鯨船が訪れるようになった。

サウスシェトランド諸島のキングジョージ島は、ミナミゾウアザラシやナンキョクオットセイが豊富だったことから、一八二〇年代には多くの狩猟船が訪れ、乱獲を繰り返した。アドミラルティ湾には鯨を解体する基地も設けられた。この乱獲により、一八九〇年代までにミナミゾウアザラシやミナミオットセイは絶滅寸前にまで激減した。その数が急減し、効率が悪くなったこと、それぞれの国で鯨やオットセイ、アザラシの脂に代わる石炭、石油が発見されたことなどにより、南極での狩猟船、捕鯨船の活動は終止符を打ち、動物たちの数も増え、今日に至っている。現在、日本の捕鯨に反対を叫ぶアメリカやイギリスが、かつては南極捕鯨大国であった事実を指摘しておく。

◈キングジョージ島

キングジョージ島ではペンギンはアデリー、ゼンツー、アゴヒゲの三種が生息している。マックスウェル湾のアードレイ島（一五一頁の図参照）には一万羽のペンギンルッカリー（営巣地）があり、特別保護区になっている。面白いことに、種類の異なるペンギンが隣同士で営巣していることだ。専門家の話では異種の交配はないという。何百年もこの状態が続いているのだから正しいのだろうが、大変興味深い現象である。

この島にはチリのペンギン観察基地があり、夏の四か月間、研究者が滞在している。厳しい規制のもとで定められたルートを通り、ルッカリーに近づいてペンギンを見ることが、観光客にも許されているとのことである。

島の低地にはコケの群落が広がるが、そこへは原則的には立ち入るべきでない。南極の環境保護が叫ばれる前に通ったであろう四輪駆動車の轍《わだち》が何年も消えることなく残っている。狭い露岩地帯には構造土が見られ、夏には岩盤がむき出しの平坦な荒地のあちこちに飛べる鳥の繁殖地が点在する。うっかり近づくと、猛烈に襲ってくる。動物の子を守る本能の強さを感じさせられる時である。

私は残念ながら現地で見たことがないが、ナンキョクコメススキ、ナンキョクミドリナデシコ

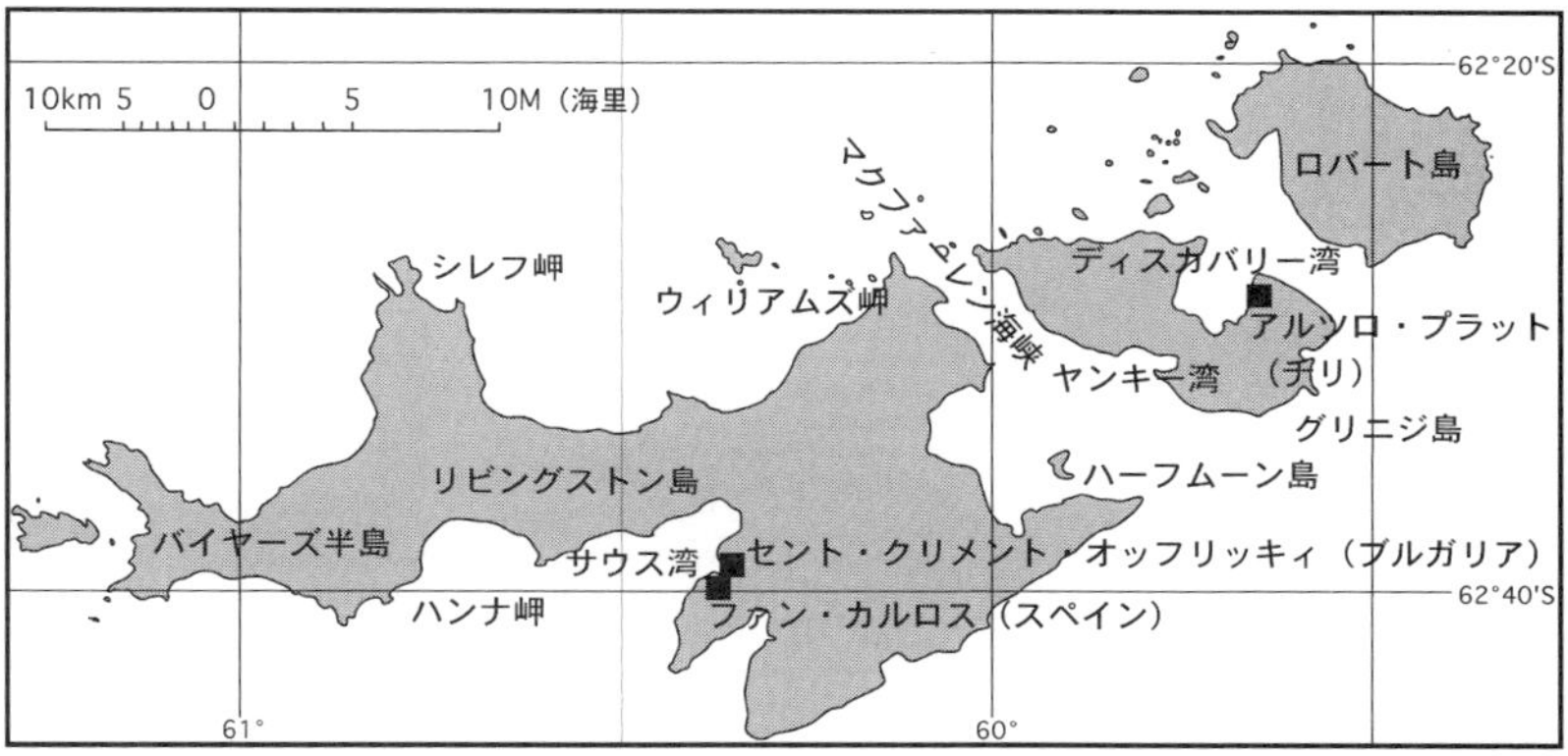

サウスシェトランド諸島のリビングストン島・グリニジ島・ロバート島

と呼ばれる二種の顕花植物のあることでも知られている。繁茂するコケの群落の中にはユスリカ、ダニ、トビムシなどの昆虫が生息している。南極の陸上に生息する数少ない動物たちである。

陸上の露岩地帯には鳥類の足跡が化石として残っている所がある。今からおよそ三千万年前の第三紀と呼ばれる時代に地上で生活していた鳥類と考えられている。

◈サウスシェトランドの島じま

キングジョージ島の西隣のネルソン島にはチェコが夏だけのバクラフ・ボイテク基地を設けている。（一五一頁の図参照）基地とはいえ小さな小屋が一棟と若干の付属物があるだけだが、研究者が滞在し、ペンギン調査や地質調査をしている。その島の西側のハーモニー岬は海鳥、アザラシ、オットセイのコロニーが多く、顕花植物を含め多くのコケ類があり、海岸から露岩地域全体が特別保護区に指定されている。その西側のロバート島、グリニジ島にもそれぞれペンギン、アザラシ、植物などの特別保護区が設けられている。

グリニジ島北部のディスカバリー湾東部にはチリ海軍の越冬基地のアルツロ・プラットが一九四七年二月に開設された。プラットはチリ海軍の軍人にちなんだ命名で、彼の胸像や十字架なども立っている。

グリニジ島からマクファーラン海峡を挟《はさ》み、リビングストン島がある。一八一九年二月十九日英国のウィリアムズ・スミス船長によって確認された島で、南極地域の陸地の初視認とされている。その場所は島の北端で現在はウィリアムズ岬と命名されている。島の中央南側のサウス湾の東岸にスペインとブルガリアの夏基地がある。島中央南部のハンナ岬は昔の捕鯨船やアザラシ狩猟船の停泊地となっていたところで、岬の名も難破した捕鯨船の名前である。北側のシフレ岬はペンギン（アデリー、アゴヒゲ、ゼンツー）のルッカリー、ミナミゾウアザラシのコロニーが点在し、特別保護区も設けられている。西側のバイヤーズ半島にはジュラ紀や白亜紀の化石もあり、動植物を含めてやはり特別保護区になっている。

リビングストン島東側沖合にハーフムーン島と呼ばれる小島がある。アルゼンチン海軍が一九五三年四月、夏基地を設けている。ナンキョクオットセイ、ミナミゾウアザラシ、ゼンツーペンギン、アゴヒゲペンギン、トウゾクカモメなどの動物類、さらに植物群も豊富であり、観光船の訪問もたびたび行われている島である。

◈観光名所のデセプション島

リビングストン島の南四〇キロメートルの海上にデセプション島が横たわっている。デセプション島は海底火山の頂上部が海上に突出した島で、島の中央はカルデラで、その壁の一部が海と続き湾となり、一八二〇年代から天然の良港として狩猟船や捕鯨船の泊地となっていた。遠方からは氷雪に覆われた島としか見えず、島内に良好な停泊地があるとは思えないことから、デセプション（詐欺、だまし）島と名づけられた。

一八二九年にイギリスの探査船が振り子を使った重力測定や地磁気の測定をしたが、フォースター船長の名をとり、それまでヤンキーハーバーと呼ばれていた湾は、フォースター泊地と命名された。重力を測定した地点をペンデュラム（振り子）入り江と呼ぶが、付近一帯の海底から温泉が湧出しており、海水浴ができることから、南極観光の目玉になっている。

一九六七年十二月にフォースター泊地北端のテレフォン湾で噴火が起こり、それまであったチリ、アルゼンチン、イギリスの越冬基地は破壊され、閉鎖された。人類が視認したデセプション島の初めての爆発である。噴火した地点には島が出現したが、その後消滅した。一九六九年二月から一九七〇年八月にかけても噴火が繰り返し起こった。噴火のたびに島の地形が変わったが、その後は噴火活動は沈静化した。現在はスペインが夏の間だけ基地を開設し、精力的にこの火山を観測し研究・調査を進めている。特別研究区は沿岸五地点、海域二地点で、火山活動の動植物への影響を調べている。

動物はマカロニ、ゼンツー、アデリー、アゴヒゲの四種のペンギンやナンキョクオットセイなどが生育している。一九六七年の噴火の直前には、オットセイもペンギンもいなくなったというから、本能が危険を察知したのであろう。

◈探検史を語るパーマー群島

南極半島北西側のパーマー群島は一八二〇年十一月に鯨を追ってこの海域に来て、陸地を視認したアメリカの捕鯨船の若き船長だったナサニエル・ブラウン・パーマーにちなんで命名された。アンバース島にはアメリカがパーマー基地（南緯六四度四六分三〇秒、西経六四度〇三分〇四秒）を設けている。越冬基地で気象、地震、海洋などの定常的な観測に加え、生物の研究施設もあるが、観光客が訪れる基地でもある。

この海域には数多くの狩猟船や捕鯨船のほか、グレンランド号のドイツ隊（一八七三〜七四年、船長ダルマン）、一八九七〜九八年の予定が氷に閉ざされて越冬したベルジカ号（船長ゲルラッシ）のベルギー隊（一八九七〜九九年）、一九〇四年ブース島で越冬したジェン・シャルコーのフランス隊（一九〇三〜〇五年）などの探検隊が訪れている。

4 ＊ 観測と観光の島

◈キングジョージ島の観測基地

ブランスフィールド海峡を挟み、南極半島とサウスシェトランド諸島には南極にある各国の基地の約半分が集中しており、日本流に言えば「南極銀座」である。特に南アメリカ各国は自国の威信と名誉にかけて、それぞれの基地を維持している。言わばその地は「南極非軍事戦争最前線」と呼べる。南アメリカ大陸の南端からわずか一〇〇〇キロメートルの距離にあり、船でも二日、飛行機なら数時間で行ける距離にあることから、観光客も多い。国際空港があり、ホテルや銀行もあり、一般の人々が住む村がある。「南極観光最前線」の地でもある。

チリは現在、南極に三つの越冬基地を持っている。キングジョージ島のフレイ基地（南緯六二・二度、西経五八・九度）は空軍により、南極半島のオヒギンス基地（南緯六三・三度、西経五七・九度）は陸軍により、そしてリビングストン島のアルツロ・プラット基地（南緯六二・五度、西経五九・七度）は海軍により、それぞれ運営されている。各基地とも観測は気象観測が中心で、それに加えて外国との共同で、地震や測地の観測や測定を行っている。日本隊の観測項目に比べると、その数は多いとはいえない。
チリは一九五七年に始まったＩＧＹの前から南極に基地を置いていた。特に火山島であるデセプション島にはチリの他、イギリスとアルゼンチンも基地を設けており、すでに述べたように領土権の主張を背景に多くの確執があった。しかし、一九六七年十二月四日の噴火によりこれらの基地はすべて閉鎖された。そこでチリは新たに基地を建設する候補地としてキングジョージ島を選んだ。すでにその時点で、キングジョージ島にはアルゼンチンとロシア（当時はソ連）が基地を置いていた。チリはロシアのベリングスハウゼン基地に接するように、フレイ基地を一九六九年に新設した。（口絵写真参照）
キングジョージ島にはフレイ基地のほかに、チリの南極研究所によって、エスクデロ基地が夏の間だけ開設される。南アメリカ大陸各国の南極研究所が多くの場合、軍に属しているのに対し、チリでは外務省に属している。南極条約の精神からこのようになったと想像している。エスクデロ基地は夏の間（二〇〇〇年の場合は一月四日から三月六日まで）南極へ調査にやってくる研究者（民間人）の前進拠点である。基地そのものの規模は小さく、滞在可能者は最大二十四名で、ほとんどが基地を維持するための要員である。
フレイ基地はマーシュ飛行場を維持するために設けられているといっても過言ではない。同基地は気象観測は実施しているが、それ以外のすべての勢力は飛行場の維持に向けられている。基地の最高司令官以下約十人が家族と共にエストレジャ村に、二年間の任期で居住している。家族

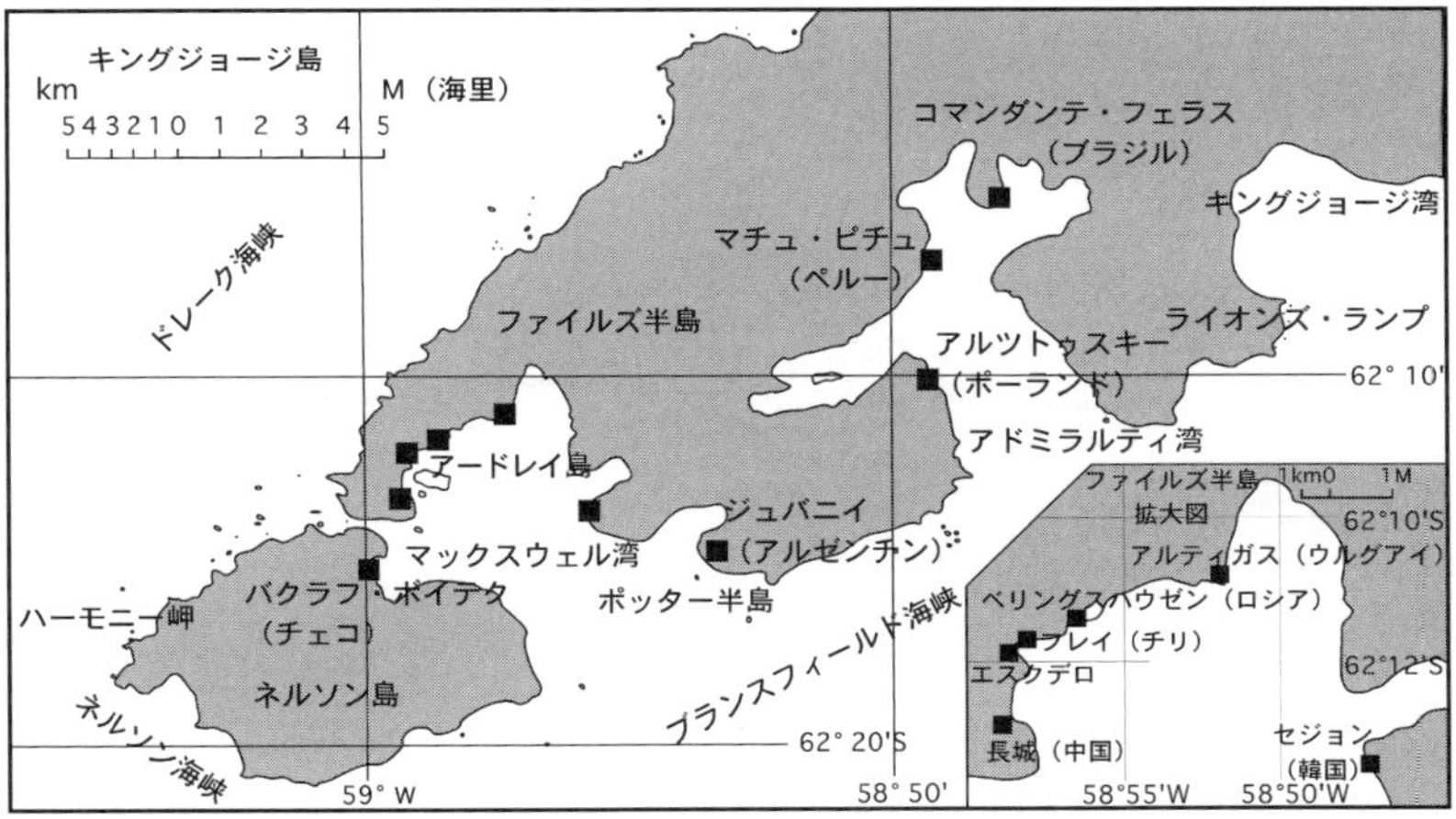

観測基地が集中するサウスシェトランド諸島北東端のキングジョージ島

同伴であるから、病院も基地の建物とは独立して村の中に置かれている。食料品や日用雑貨の品々が買えるスーパーマーケット、銀行、それに教会もある。他の基地と同じように郵便局があることはもちろんである。幼稚園と小学校もある。村の人口は約五十人で、冬季は他に約三十人の人が基地内に居住している。フレイ基地の人口は家族を含め、夏季はおよそ百五十名、冬季は八十名である。

キングジョージ島には現在九か国、十基地がある。このうちペルーのマチュ・ピッチュ基地とエスクデロ基地が夏基地で、他の八基地は越冬基地である。ポーランドのアルツトゥスキー、韓国の世宗、中国の長城の各基地を除く南アメリカ大陸各国の基地は、軍によって維持、運営されている。ベリングスハウゼン基地を含めこれらの基地での観測は気象観測が主で、他の項目は多くても二、三項目あるだけである。科学活動は必ずしも活発とはいえない。

　そんななかで韓国の世宗基地では基地での定常的な観測も充実し、夏の間の諸調査も多くの項目がなされており、科学活動は最も充実している。長城基地の建設に際しては、中国から三名の関係者が来日して、日本の極地研究所で南極観測のノウハウを学んだ関係から、基地の雰囲気がなんとなく我が昭和基地に似ている。その後、中国は東南極のプリッツ湾に中山基地を建設して、観測の中心はそちらに移ったが、現在でも約十項目の観測を継続し、二十一人が越冬生活を送っている。

国旗をなびかせ疾走する韓国のゾディアック

　キングジョージ島にある基地の特長のひとつに各基地ともゾディアックを有することである。同じ島にある基地であっても昭和基地とは大いに異なる。ゾディアックは船外機つきのゴムボートである。その操縦には専門家が必要で、各基地ともゾディアックのオペレータが越冬をしている。世宗基地には四隻のゾディアックがあるが二〇〇〇年一月の場合、オペレータは一名の越冬隊員だけで、フレイ基地をはじめとする各基地間や野外調査の人員輸送、海底からの生物標本採集にフル稼働していた。大韓民国の国旗をつけてフィルデス湾内を航行するゾディアックは、頼もしくかっこよかった。

ダイバーが越冬するのも、キングジョージ島の各基地の特長のひとつである。生物のサンプリングや海底の工事作業などに従事している。二〇〇〇年一月、フレイ基地ではダイバーにより、船から基地の貯油タンクに直接送油する海底パイプの補修作業を行っていた。

キングジョージ島では一九五三～五四年のシーズンにアルゼンチンが初めて基地を開設したのが、南極観測基地の始まりである。このジュバニー基地も基地での観測より夏の野外調査の拠点としての役割がおおきい。一般に南アメリカ大陸各国は他国との共同観測や調査で、科学活動の充実をはかっているが、ジュバニー基地にはドイツのアルフレッド・ウェゲナー研究所が研究・宿泊施設を造り、生物の研究者が夏の間のみ常駐している。チリのオヒギンス基地には、やはりドイツがパラボラアンテナを造り共同観測の名のもとにいろいろな観測を実施している。

◈ホテルに売却された基地の建物

ロシアのベリングスハウゼン基地は一九六八年に開設された。一九七〇年代には越冬人員が三十名を超え、科学活動が活発だった。しかし現在は、十棟ほど並ぶ観測専用の建物が往時をしのばせるだけである。わずか六～七人で越冬し気象観測を続けている。この人数では二十棟ちかい建物を維持するのも大変である。海岸には本国に持ち帰るべき廃棄物が山積みされていた。隊長

海岸に山積みされた廃棄物（ベリングスハウゼン基地）

の話では、二〇〇〇年二月にイギリスのボランティア八人が来て、基地の掃除をするとのことであった。日本の新聞紙上で報道されたことがあるが、南極のロシアの基地をきれいにするというボランティア団体の活動の一環のようである。

ロシア政府とチリ政府の話し合いで、ベリングスハウゼン基地の二棟の建物がベンチャー企業に売却されホテルになるという。二棟とも立派な建物であるが、そのうちの一棟は居住と食堂に使われている現基地の主要建物である。それを売ってしまうのだから、その経済的な苦しさは相当のものだろうと推察した。ホテルとして売却した建物が有していた機能を維持するため、二〇〇〇年一月下旬には隊長室のあるもうひとつの主要建物の改装が始まっていた。観測や会議用の部屋が食堂、厨房、個室などに造りかえられていた。

ウルグアイのアルティガス基地は規模は小さいがまとまった良い基地である。重力や測地の観測に力を注いでおり、科学観測をやっているとの印象を受けた。私が訪問したらすぐ日の丸を掲揚してくれた。こんなところにも南極条約を尊重していることがうかがえる。

このようにキングジョージ島では、基地を置く多くの国が、自国の名誉と威信にかけて基地を維持しているとの感を強く受けた。武力こそ使わないが相手の見えにくい熾烈《しれつ》な戦いがある。この地はまさに「南極非軍事」または「非武力」戦争の最前線でもある。

◈南極観光クルーズ

サウスシェトランド諸島から南極半島にかけては、南極のなかではアプローチが比較的容易なことから、十九世紀から人類が活動していた。IGYの前からチリ、アルゼンチン、イギリスなどが基地を置き、領土権の主張や南極植民地構想など現在の科学観測万能からは、かけ離れた活動がなされていた。その名残が「非武力戦争最前線」であり、「観光最前線」である。

次頁の表に示したのはチリのプンタアレナスの観光会社COMAPA（tcomapa@entelchile.net;web-site:www.comapa.com）による南極観光クルーズの一九九九〜二〇〇〇年の航海日程である。合計二五回の南極航海が実施された。ただし、私は確認できなかったが、航海の出航地はプンタアレナスではなくアルゼンチンのウスアィアのようである。ビーグル海峡を通過する必要がなく、片道一日分は短い航海になるという。ちなみに同社ではビーグル海峡だけのクルーズも実施している。それぞれの航海は少ないもので十日、ほとんどが二〜三週間である。私は料金の確認もできなかったが、価格は使用する船室によっても異なるだろうし、航海の期間によっても異なる。一日一〜二万円に航海日数をかければ、およその金額が分る。一航海二十〜三十万円

CRUISE SHIP ANTARTIC

Crucero	START	FINISH
Marine Adventurer	23/11/1999	16/12/1999
Marine Spirit	23/11/1999	13/12/1999
Marine Discovery	25/11/1999	13/12/1999
Professor Multanovskyi	05/12/1999	16/12/1999
Akademik Sergey Vavilov	08/12/1999	18/12/1999
Professor Multanovskyi	15/12/1999	26/12/1999
Akademik Sergey Vavilov	17/12/1999	28/12/1999
Professor Multanovskyi	25/12/1999	07/01/2000
Akademik Sergey Vavilov	27/12/1999	09/01/2000
Marine Discovery	05/01/2000	20/01/2000
Marine Adventurer	05/01/2000	17/01/2000
Akademik Sergey Vavilov	08/01/2000	27/01/2000
Marine Adventurer	13/01/2000	25/01/2000

Crucero	START	FINISH
Marine Discovery	16/01/2000	28/01/2000
Marine Discovery	24/01/2000	08/02/2000
Akademik Sergey Vavilov	26/01/2000	07/02/2000
Marine Adventurer	29/01/2000	20/02/2000
Marine Discovery	04/02/2000	26/02/2000
Professor Multanovskyi	04/02/2000	15/02/2000
Akademik Sergey Vavilov	06/02/2000	17/02/2000
Professor Multanovskyi	14/02/2000	25/02/2000
Akademik Sergey Vavilov	16/02/2000	27/02/2000
Marine Spirit	22/02/2000	15/03/2000
Akademik Sergey Vavilov	26/02/2000	16/03/2000
Marine Adventurer	29/02/2000	17/03/2000

南極半島・サウスシェトランド諸島をまわる南極観光クルーズの航海日程

といったところであろう。二人部屋三食つきの条件を考え、その価値は人それぞれの感覚で異なるであろう。日本からの参加の場合は、アルゼンチンまでの航空運賃数十万円がこれに加わる。

船名からも分るように、使用している船のほとんどは、かつて北極海で活躍したソ連の船である。ソ連が解体して、船の有効利用と外貨獲得のため、南極観光に使われるようになった。一九九〇年代には毎年一万人に近い人が、船旅での南極観光を楽しんでいる。

南アメリカ大陸南端を出航した船はおよそ二日の航海で南極海域に着く。一番近いのがキングジョージ島で、九か国十基地がある。南西端のフィルデス湾には六か国七基地がならび、フレイ基地がその中心であ

各国の基地のスタンプと郵便局の消印

る。南極のほとんどの基地では、郵便事業を行っているが、郵便局があるだけにフレイ基地での投函が一番確実で早く着く。他の基地でその国の郵便スタンプを押印してもらい投函しても、その郵便物は結局はフレイ基地経由でチリに運ばれているようだ。この情報は当然観光客にも知らされている。観光客は船からゾディアックに乗り、観光をする場所に上陸する。

◆観光地としてのフレイ基地

フレイ基地に上陸した観光客は、まずスーベニアショップ（売店）をめざす（口絵参照）。フレイ基地の場合、店員は基地司令官の奥さんが務めている。観光客が訪れる時間にあわせて店を開くが、私のように基地に滞在している人は、事前に村の中にある司令官の自宅に電話をすれば、都合のつくかぎりすぐに開店してくれる。店ではTシャツ、トレーナー、カップ、絵はがきなどが置いてある。店の隣が郵便局で、ここでも店と同じ絵はがきが買える。この郵便局で観光客は絵はがきに基地の緯度と経度の入ったスタンプを押してもらい、南極の記念切手を貼って投函すると、確実に南極に来た証拠として残る。

スーベニアショップはベリングスハウゼン基地、長城基地、アルティガス基地にもある。土産物は、それぞれ基地の名前やロゴマークのはいったTシャツ、トレーナー、帽子などがほとんどであるが、子ども用もあり人気はあるようだ。ロシアや中国の特産品やバッジも売っている。ベリングスハウゼン基地では米ドルしか受け取らないが、他の基地ではチリのペソも通用した。

郵便局の隣には基地のスーパーマーケットがあり、食料品や日用品を売っている。しかし、利用できるのは村の住人に限られている。夕方になると、買い物をした夫婦がビニール袋を下げて歩く、とても南極とは思えない光景を見ることもある。

郵便局の前に病院があり、その背後には小学校がある。病院はフレイ基地、エスクデロ基地の滞在者をはじめ、村の住人にも開放されている。チリ本国とのデータ通信を通して、レントゲン写真の送受信もでき、専門家の指示も得られるシステムである。設備が充実しているので、各基地とも医者はいるが、いざという時には、この病院を頼りにしているようだ。例外的ではあろうが、私の滞在中、クルーズで来た観光客を診察し、その指示により下船して飛行機をチャーターして帰国したという例をフレイ基地に滞在中に目撃した。

学校は小学校だけで教師が一人、二年間の任期で滞在していた。二〇〇〇年一月の生徒は四名だった。フレイ基地の体育館は、基地はもちろん周辺各基地のコミュニティーセンターでもある。各基地対抗のゲーム大会、クリスマスパーティーなど、なにかあるとそれぞれの基地からここに集まり、交流の場となる。

体育館の一隅には幼稚園がある。幼稚園とは呼んでいても、先生も保母さんもいない。滑り台、ブランコなど、子ども用の遊具が並んでいるだけである。未就学児の組織的遊び場と表現するのが最適であろう。また別の隅はエクササイズジムになっていて、いろいろな器具が置かれているが、これはチリ関係者用である。村の背後、丘の上に教会がある。基地に牧師は住んでおらず、三〜四か月に一度本国から来て、ミサを司祭するという。あとはボランティアの人たちによって維持されている。ジュバニー基地にも独立して教会が建っていた。アルティガス基地には食堂のある建物の会議室にマリア像が置かれていたから、祈りの場となるのであろう。宗教心の少ない日本人にとっては考えられない施設といえる。

驚いたことに、このフレイ基地は「南極の観光地」として、チリ本国で発行されているガイドブックにも掲載され、基地内の地図も添付されている。観光クルーズにしても、飛行機をチャーターするにしても、日本とは比較にならないくらい気軽に南極に行ける証拠でもある。

5 ＊ 南極のホテル

◈フレイ基地のオステリア

南極にホテルがあるとは聞いていたが、自分が泊まることになるとは夢にも思わなかった。チリの南極研究所は交換科学者の私を含めチリ人を含む私のグループ四名全員を二週間ホテルに滞在させてくれた。フレイ基地のホテルはスペイン語読みのままで「オステリア」と呼ばれている。

観光客は三食つきで一泊二一〇米ドル、観測関係者は外国人一八八米ドル、チリ人七〇米ドルで、南極研究所は私の二週間分の滞在費としてホテルを所有する空軍に対し約三十万円を支払ってくれたことになる。さらにプンタアレナス～南極間を運んでくれる軍用機C‐一三〇は、チリ関係者は片道二〇〇米ドル、外国人は三五〇米ドル、私の場合航空運賃についてチリ関係者ということで二〇〇米ドルであった。ただし、往路はチリ、復路は無料のブラジルのC‐一三〇だったので、研究所の負担は二〇〇米ドルで済んだ。以上はすべて二〇〇〇年一月の価格である。

一九九五年頃、日本からの新婚旅行のカップルが一日五〇〇米ドル（約六万円）で五日間、このホテルに滞在したことがあったそうだ。この話は金満家の日本人というイメージでキングジョ

フレイ基地のマーシュ飛行場に観光のため飛来した自家用機。左側の白い建物がオステリア。右側は格納庫。

フレイ基地のオステリア内のロビーと食堂(右奥)。休憩中の２人は、サービスボーイ兼ハウスキーパーの兵士。

ージ島の各基地の間で語り継がれているようだ。

オステリアには二部屋だけダブルベッド、バス、トイレつきの部屋があるが、あとは部屋のサイズは同じで一人部屋から二段ベッドが二つの四人部屋まである。値段は部屋の人数に関係なく一人二一〇米ドルであるが、一泊二万円のホテルと考えると食事の内容や設備は物足りない。

食事はホテルの維持管理をする兵隊二名がフレイ基地の食堂から運ばれてくるものを並べてくれる。朝はチリ式に丸いパン一個のトースト、バターまたはジャム、時にはペースト状にしたアボガドとコーヒーまたは紅茶。昼、夜はこれに一品簡単な肉料理がついた。私の十五回の南極行きで、二週間滞在したのに太らなかったのはこのフレイ基地だけである。

ただし観光ツアーの客が宿泊する場合は、プンタアレナスのホテルからシェフが食材を持ってやってくるという。このホテルに宿泊して南極観光をしたいと希望しても、残念なことに行く方法がない。各国のC－一三〇を観光客は利用できないので、現在のところ、プンタアレナスで飛行機をチャーターするのが最善の方法である。プロペラの小型双発機ツインオッターの場合、二十人ちかい乗客が可能であり、四～五時間で南極に到着する。チャーター料は二五〇〇米ドルほどと聞いた。往復で五〇〇〇米ドル（約五十万円）である。総人数にもよるが、一人当たり数万円という金額は、日本の航空運賃を考えると、必ずしも高いとは思えない。

◈南極観光新時代

私が滞在中、オーストラリアの写真家が自家用機で飛来し、四名でホテルに三日ほど宿泊した。彼らは自家用機で昭和基地や南極点にも行ったことがあるという。日中は自分の飛行機で、デセプション島や南極半島などに飛び、観光をしていた。フレイ基地のマーシュ飛行場は国際空港に登録されいるので、着陸許可は必ず得られると話していた。南極も気軽に訪れることができる時代になった。

二〇〇〇〜〇一年のシーズンからは、ベリングスハウゼン基地に二棟のホテルが開設する。オステリアの例から考えると、百人くらいは宿泊可能であろう。チリ政府は、毎月C‐一三〇を十三便ほど飛ばし、二千人の観光客を期待している。一九九八〜九九年の南極全体の観光客は約一万人であったから、倍増することになる。

その後の情報によれば、一九九九〜二〇〇〇年の南極観光客は約一万五千人になる見込みだという。一九九〇年代は一万人弱で推移していたのが五〇%増加した。ミレニアムだけでなく南極観光が新たな時代を迎えようとしているのであろう。

第六章　最高価の旅

1 ＊ 南極観光名所

◈すばらしい南極の自然美

一九六七年一月下旬、私は航空磁気測量のため、ヘリコプターでリュツォ・ホルム湾の東岸をかなり南まで飛んだ。一月四日に「ふじ」から昭和基地入りしたときに生まれて初めてヘリコプターに搭乗し、空から南極を見た。しかし、この時は荷物と一緒で何がなにだか分からないうちに、昭和基地上空に達し、基地のオレンジ色の建物群だけが事前に見た写真と同じだという印象しか残っていなかった。景色を見るのは、この二回目のヘリコプター搭乗が初めてといっても過言ではなかった。

その時の印象は大陸沿岸沿いに多くの島じまが点在し、もし松でも生えていたら日本の松島みたいではないかと思うほど美しいと感じた。もちろん南極の色彩だから、氷河の白と蒼、茶色か黒っぽい岩肌に天気がよければ青い空、白か黒っぽく見える海氷や開水面で、全体にとても地味な色である。その後、越冬中に何回か、その付近を小型飛行機で飛んだり、海氷上を雪上車で走り回ったりした。島の数は確かに多いが、数十キロメートルの海岸線に沿って点在するので、地上からは松島ほど密には見えない。それでは私の最初の印象は錯覚だったのだろうか。私は錯覚ではなく、初めて南極を訪れた人は必ず同じような印象を持つのだろうと思う。鮮やかな色彩はないが、大自然の美しさが見る人の目を射抜くのである。

そのような視点からは、南極大陸沿岸の海岸地域で岩石の露出している所はどこを訪れても、南極の美しさを満喫できると思う。しかし、観光名所とするからには、そこに行きやすいことが条件になる。

その第一は、サウスシェトランド諸島から南極半島にかけての一帯であることは間違いない。島じまは氷河に覆われているが、海岸には砂浜があり、アザラシのハーレムがあり、ペンギンのルッカリーがある。ペンギン以外の海鳥も多く、下等植物ではあるが、コケ類や藻類も豊富である。とにかく南極の中では、楽しめる自然が最も豊富な地域である。活火山のデセプション島からは湯煙もあがる。基地の数も多いので、観光客を歓迎してくれる基地も少なくない。そのような基地には観光客向けの売店（スーベニアショップ）があり、南極に行って北半球に位置するそれぞれの国の特産品を買うこともできる。

◈探検隊を偲ばせる

「未知の南の国」のベールが剝がされていった地域であるだけに、島じまの発見やその地名の由来に少し知識があると、かつての探検時代や狩猟・捕鯨時代に夢を馳せることもできる。あちらこちらに南極史跡が点在する。

ロス海周辺もまた南極半島周辺に勝るとも劣らない南極観光の地である。ロス海西岸沿いに四〇〇〇メートル級の山々が連なる南極横断山地が位置し、その南西端にはエレバス山が噴煙をたなびかせている（口絵参照）。マクマード入江の奥にはマクマード富士と呼べるディスカバリー山（二六八〇メートル）がそびえている。南極半島付近もスケールは大きいが、南極の中では箱庭的な風景であるのに対し、ロス海付近は山岳美、海洋美でよりいっそう大きなスケールで訪れた人々を魅了する。山は高く、谷は広く、ロス棚氷は無限に続くかと思う。露岩上の植物相は貧弱でほとんど見られないが、コウテイペンギン、アデリーペンギンのルッカリーはあちこちにあり、何万羽というペンギンが卵を産み、雛を育てている。もちろん、アザラシも見られる。一歩内陸地域に入ると、そこには南極一の無雪地帯であるドライバレーがある。

沿岸海域にはアザラシやペンギンを追って背鰭《せびれ》だけを見せてシャチが回遊し、時には海面に白と黒のコントラストの美しい顔を出し愛らしさを見せたかと思うと、突然海中からペンギンを襲う姿が目撃される。

アムンセン、スコット、シャクルトンさらに白瀬矗らの偉業を偲べる地域でもある。特にスコット隊やシャクルトン隊が建てた小屋は現存し、厳重に管理され、一定のルールのもと観光客にも見学が許されている。

ロス海から西へ航海すれば、アデリーランドから昭和基地付近までは、海岸に露岩が点在し、風光明媚な場所は多い。特にプリッツ湾は比較的海氷の発達が少なく、砕氷船でなくとも接近できる割合が多い。

内陸で知られているのはエルスワース山地で、南極大陸最高峰のビンソンマシーフ(四八九七メートル)は登山家の一大目標となっているようだ。アプローチはパトリオットヒルズのキャンプからなされている。

セールロンダーネ山地はノルウェーが領土宣言をしている地域であるが、その中のヨクキュルビア峰(「氷の大聖堂」の意、三一四八メートル)は、ノルウェーの最高峰とされている。ノルウェー国内最高峰の標高は二四六九メートルなので、ノルウェー登山家にとっては魅力あるターゲットであるようだ。

2 ＊ ロス海周辺

◈アデア岬の史跡

南極ロス海の周辺は十九世紀末から二十世紀前半にかけ、南極探検や調査の場になり、至る所にその足跡が残されている。日本の白瀬矗も南極探検を実施したこの時代は英雄時代と呼ばれる。

この地域の観光は、美しい風景に加えその史跡を訪ね、苦闘を偲ぶことが目玉となっている。

一八四一年、ジェームス・クラーク・ロスの探検隊が南磁極を求めて航海して以来、現在彼の名がつけられている海域や陸域に多くの探検隊が訪れている。一八九五年一月二十四日に、ロス海北西端の入口に近いアデア岬に南極大陸への最初の足跡が残された。一八九九年二月にはボルヒグレビンクの率いる「南十字星探検隊」が大陸に初めての小屋を建設し、十名が越冬した。特別設計で断熱効果の高い建物だったという。乾燥食品や新しい型の犬ぞりを使用した南極大陸内での最初の越冬であり、人類として初めての足跡であった。その居住小屋と物置小屋は南極の史跡に指定されて、保存はニュージーランド隊によって行われている。その後、このアデア岬にはスコット隊が二度訪れている。

同じアデア岬には一九一一年二月スコット・テラノバ探検隊の北部パーティーにより居住小屋(南緯七一度一七分、東経一七〇度一五分)が建設された。その時の小屋は風化による破壊が進み、現在はその痕跡を残すのみである。アデア岬のリドレイ海岸には南十字星隊が火災に備えて設置したデポ地(南緯七一度一七分、東経一七〇度一五分)がある。同じリドレイ海岸には一九一一年十二月テラノバ号の見張りのために作られた小さなデポ(食料・資材の貯蔵所)があり、一九六一年の発見の際には多くの品物が残置されていたが、その後は腐食が進んだ。またベルナッチ岬にはテラノバ隊が地質調査のためにデポした竹竿とテントサイトの円形の石組み(南緯七七度三〇分、東経一七〇度一五分)があり、これもまた史跡となっている。

リドレイ海岸の露岩上には、一八九九年十月十四日に死亡した南十字星隊の生物学者ニコライ・ハンソンの墓がある。南極地域で知られる最も古い墓である。一九八二年一月、墓の上の十字架は腐食が進んでいたので新しい墓碑銘が作られ、全体が改装された。アデア岬からロス海西岸沿いに南下したところにあるテラノバ湾は、現在ではイタリア隊の基地が作られ、夏の間の人の往来が多い地域である。この地にもスコットのテラノバ隊北部パーティーのデポ地が残されている。

◈南極最大の無雪地帯

さらに南下した南ビクトリアランド一帯には南極最大の無雪地帯があり、マクマードオアシスと呼ばれている。その中心は四〇〇〇平方キロメートルにおよぶ広大な無雪地帯のドライバレーである。雪と氷の世界と信じられていた南極大陸の中の無雪地帯を、初めて発見したのはスコットのディスカバリー探検隊であった。

通称ドライバレーと呼ばれる地域は、北はデブナム氷河とコットン氷河、南はフェラー氷河、西は南極横断山地の氷縁の末端、東はウィルソン山麓氷河に囲まれた地域である。その中に北からビクトリア、ライト、テイラーの三つの大きな谷が、七〇キロメートルの長さでそれぞれ東西に延び、最南のテイラー谷のみが、マクマード入江にまで達して、谷口が海に開いている。それぞれの谷へは何本もの支流の谷が入っている。谷は氷河によって形成されたU字谷で、その幅は広いところでは一〇キロメートル以上もある。谷底のほとんどはモレーンに覆われ、氷河が削った窪地は湖となり、標高は二〇〜三五〇メートルで、南北両側は標高が一〇〇〇〜二五〇〇の山稜が屹立《きつりつ》している。谷々を区切っている山々の頂《いただき》は氷河に覆われ比較的なだらかで、その氷河の末端は何本もドライバレーの谷々に流れ落ち、氷河舌を形成しているが、谷底に達しているのは少なく、途中で消えている。谷底のモレーンは風化の度合いにより、大きな岩塊の並ぶ地域があるかと思えば、小石を敷き詰めたようなところや、砂漠を連想させるような砂原もある。荒涼とした枯山水《かれさんすい》の風景と思ってしまう光景すらある。

谷底の多くの石は風に磨かれ、つるつるしている。また点在する大小さまざまな氷河湖の中には一年中凍結しない不凍湖や、逆に一年中全面が厚い氷に覆われている永久凍結湖がある。永久凍結湖とはいっても水で涵養《かんよう》されるので、夏の間は周辺の大小の氷河から融氷水が流れ込んでいる。ビクトリア谷のビダ湖は永久凍結湖のひとつである。ボーリング調査の結果、湖底には水の層もあるが毎年湖面の高さに変化のないことから、流れ込む水の量と一年間に蒸発・昇華する量のバランスがとれていると推定されている。

◈湖水と河川

ライト谷はドライバレーの中心をなすが、その中央にバンダ湖と呼ばれる信州の諏訪湖ほどの大きさの湖がある。バンダ湖の湖水面付近は海抜九八メートルほどで、下流にあって谷をふさぐように広がっているウィルソン山麓氷河から、ライト谷に流れ落ちているライトロア氷河の末端は海抜三〇五メートルである。このバンダ湖はオニックス川の流れによって涵養されている。毎年十二月頃になると、ライトロア氷河の融氷水をたたえるライト湖の水があふれ出し、谷の上流にあるバンダ湖へ向かって流れ始める。そのあふれ出した水は一条の流れとなり、二四キロメートル上流にあるバンダ湖へと流入する。場所によっては川幅が一〇〇メートルにも広がって渡るのに苦労する。流れは一月下旬から二月初旬には止まるが、その間一日に二〇万トンもの水がバンダ湖へと流れ込む。この谷の下流から上流へと「逆さに流れる川」をオニックス川と呼んでいる。

バンダ湖の水位はオニックス川の流入が始まると少しずつ上昇する。最大三メートルの上昇が認められている。水面の上昇と共に湖面も広がる。バンダ湖ばかりでなくドライバレーの湖の水位は夏の間、融氷水の流入により大きく上昇し、二月から十一月の間の蒸発・昇華で、年間を通じるとほぼ一定のレベルを保っている。

ドンファン池はライト谷の南岐の奥に位置する東西七〇〇メートル、南北三〇〇メートル、水深一〇センチメートル程度の池である。池というより広い水溜まりというのが実感である。池の広さも夏は広がり、冬は狭くなるようだが、浅いので水面には大小の石がごろごろしている。どの石も水面に接する付近が一〇センチ前後の幅で白くなっている。池水の塩分濃度が高いため、冬でも凍結せず、その塩分が晶出して石を白くしているのである。

ドライバレーでは上空の飛行も厳しく制限されている地域もあるが、一般には観光客はヘリコプターで上空から眺めることになる。オベリスク、マッターホルンなどと命名されている岩峰が氷河の上に突き出しているかと思うと、谷底には湖面が光っている。オニックス川の流れは流れ始めの頃は黒っぽく見えるが、流量が多くなると川らしくなる。オニックス川に沿って低空飛行を続けると、ヘリコプターの残骸が目に入る。事故で墜落したヘリコプターがそのまま横たわっている。

所々に調査のために設けられている小屋があるが、その人工物の小ささに驚くことだろう。ドライバレーの最も南のテイラー谷の北側にかかるスイス氷河の脇には、トリイ山（一八五〇メートル、南緯七七度三七分、東経一六二度四四分）、カミヌマクラッグ（一七五〇メートル、南緯七七度三八分、東経一六二度二六分）など日本人の名がついた山や、岩峰もある。南極大陸の中では決して広い地域ではないのに、この上を飛ぶだけで、その雄大さに魅入ってしまう。

ドライバレーからマクマード入江を挟んだ対岸がロス島である。一八四一年一月二十七日、ジェームス・ロスが率いるエレバス、テラーの二隻の探検船が現在のロス海を南下していて前方に陸影を認めた。翌二十八日、その陸地のひとつの山からは噴煙が昇り、赤熱の溶岩が流れ下っているのが視認された。雪と氷の世界での火山噴火に一行は驚いた。その山の高さを測定し、四〇〇〇メートルの高山であることを確認し、エレバス山、その東側の山をテラー山と命名した。その時には大陸の一部と思われたその陸地は、スコット隊により、島であることが確認され、ロス

ドライバレーのライト谷とバンダ湖の水位上昇で閉鎖された
ニュージーランドのバンダ基地

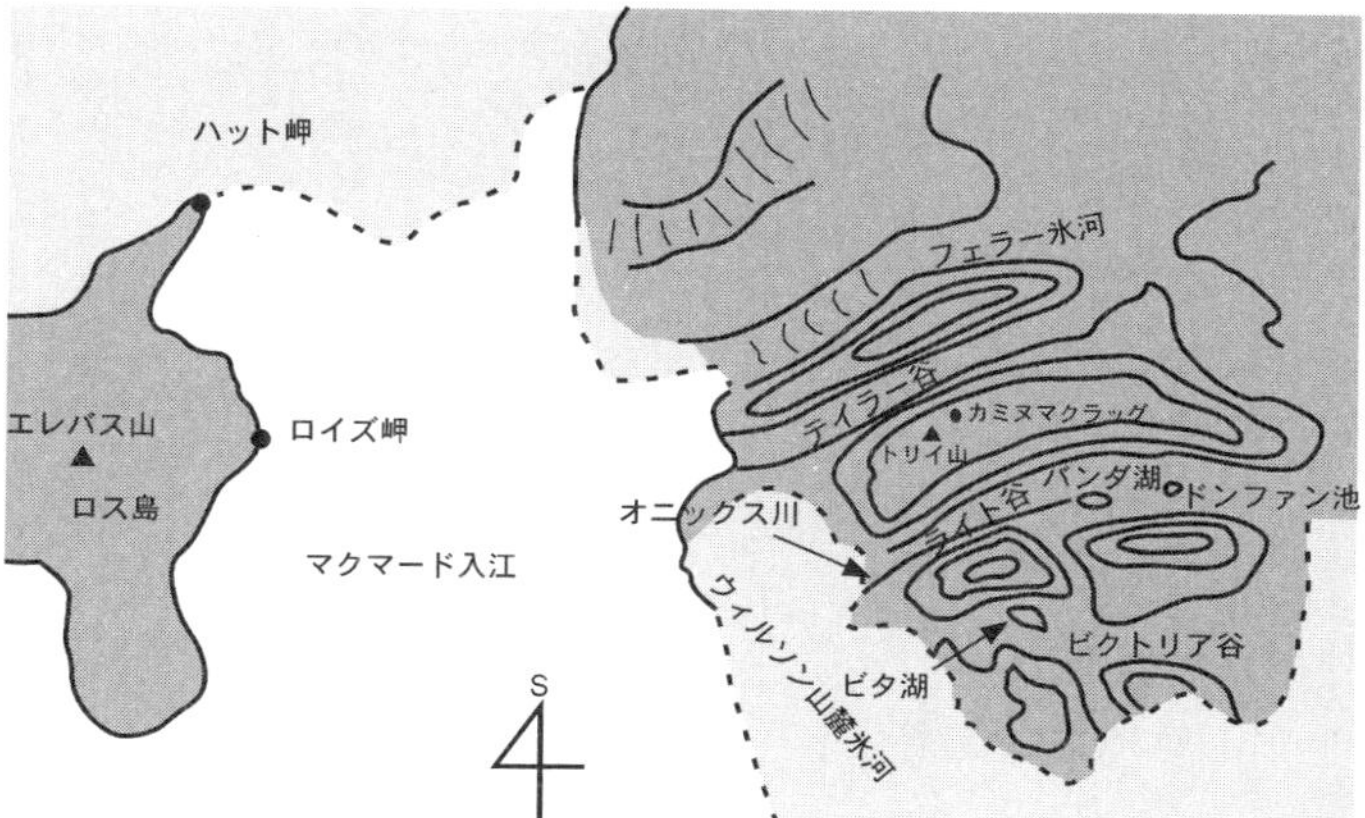

ドライバレーの概念図

島と命名されている。そしてロス島は英雄時代の探検隊の基地となり、現在はアメリカが南極一の大基地マクマードを維持し、ニュージーランドがスコット基地を設けている。

◆ロス島の史跡

ロス島の南端、ハット岬にはスコットのディスカバリー号探検隊により建てられた小屋（南緯七七度五一分、東経一六六度三七分）が現存し、史跡となっている。当時の品物は小屋の中にすべて保存され、ニュージーランド隊によって維持されている。中身のなくなった卵の殻が、何十個も箱に残されているのが印象的だった。マクマード基地、スコット基地に滞在している人にとっては夏の間、土曜日、日曜日は小屋の鍵が開かれ、内部が見物できるようになっている。

小屋から五〇メートル離れた岬のマクマード入江全体と大陸とが見渡せる丘の上に、高さ二メートルの十字架が建っている。一九〇二年三月十一日に事故死したディスカバリー探検隊のジョージ・ビンス追悼のために、隊が帰国する一九〇四年二月に建てられた。木製の十字架は風により表面が刺さくれてはいるが、保存状態はよく、銘刻文は読みやすい。

ハット岬の北約二〇キロメートル、海氷上を渡ったエバンス岬には一九一一年スコット・テラノバ探検隊により建てられた小屋（南緯七七度三八分、東経一六六度二四分）が残っている。小屋の周辺に設けられた便所、資材貯蔵に使った仮小屋を含め、かつての越冬基地の姿が完全に保存されている。ニュージーランド隊により小屋内に残置された品々も整理、整頓され、南極の史跡

エバンス岬のスコット小屋(1911 年建設)

スコット小屋の内部、観光客でも内部の見学は可能

として保存されている。

小屋の中央にはストーブが置かれ、テーブルの上には、ニュージーランド隊により、小屋内のベッドの配置図とスコット隊の使用者の名前、現在の訪問者用の芳名録が置かれている。

スコットのベッドの端には寝袋が置かれ、机もそのままである。医師ウィルソンや『世界最悪の旅』の著者チェリー・ガラードが使ったであろう顕微鏡や彼らが標本として捕獲したコウテイペンギンがミイラ化して、机上に置かれている。小屋の周囲に多くのポニー用の干し草が高く積まれ残されている。馬や犬をつないだ鎖、骨がむき出している犬のミイラなど、かつての姿が偲ばれるに十分な品々が並んでいる。

小屋の南東一〇〇メートルのウィンドベンヒルに木製の十字架が建っている。一九一七年に建てられたもので、一九一六年に死亡したシャクルトン帝国南極横断隊のマッキントッシュ、ヘイワード、スペンサー・スミスの追悼のためで、シャクルトンによる銘文が十字架にとりつけられていた銅製の筒に残されていたが、現在は持ち帰られ、イギリス・グリニッジの海洋博物館にある。そして一九六三年、最初の銘文にしたがって作られた銘刻額が除幕された。

エバンス岬とハット岬の間には海氷上二〜三キロメートルの沖合までエレバス氷河の氷河舌がのびている。船や海氷上から眺めると、高さ三〇〜四〇メートルの氷の壁が立ちはだかっているように見える。末端のクレバスの何本かは海氷上から入り込むことができる。南極で氷の洞穴探検が可能な数少ない場所である。青白い氷壁は魅惑的である。

エバンス岬の北約一〇キロメートルのロイズ岬には、一九〇八年に建てられたシャクルトン小屋（南緯七七度三八糞、東経一六六度〇八分）が残っている。シャクルトン・ニムロッド探検隊の越冬小屋で、ニュージーランド隊により二つのスコット小屋と同じように、シャクルトンが使っていた当時の様子を再現するよう整備されている。食料や品物が保存され、小屋の近くには気象観測用の百葉箱や風力計、ニムロッド号から降ろされ開梱されたままの資材なども残されている。

小屋の前には世界最南端のアデリーペンギンのルッカリーがある。十月頃から三月頃まで、最大千羽を越えるアデリーペンギンが生息している。シャクルトン小屋とペンギンルッカリーの間には、ニュージーランド隊のペンギン研究者が滞在するための仮設小屋が設置されている。

エバンス岬からロイズ岬は、ロス島の西岸に位置するエレバス山の眺望のよいところである。陸地は夏の間は黒い岩盤が露出している面積が広い。エレバス山独特の玄武岩質の溶岩流や溶岩丘が点在している地域である。

このロス島西岸に点在するスコット、シャクルトンによる四回の探検隊の遺物は、南極の史跡として、ニュージーランド隊により、常に管理・維持されて、観光客にはスコット基地から隊員が来て、扉を開いてくれる。観光客はマクマード基地やスコット基地内はもちろん、二つのスコット小屋やシャクルトン小屋の内部も見物が許される。

◈アデリーペンギンのルッカリー

北端のバード岬は六万羽のアデリーペンギンのルッカリーがあり、ニュージーランド隊が小屋を設け、夏の全期間、研究者が滞在し、研究を続けている。バード岬は海岸の断崖の下に低い丘が並んでいるが、その丘全体、文字通り見渡す限りが、ペンギンに埋め尽くされている。岩盤は糞で白色となり、その上を黒いペンギンが動き回っている。そのペンギンの卵や雛を狙うオオトウゾクカモメの数も多い。通称トウカモと呼ばれるオオトウゾクカモメは天敵がいないので、ペンギンルッカリーの周辺の砂地や岩の間に卵を産み抱卵し、雛を育てる。ほとんど隠れる場所もない原っぱに、ぽつんと卵を産み抱卵するのである。そんな場所に人間が近づくと、執拗《しつよう》に攻撃してくる。私は最初、なんでこんなに人間を襲ってくるのか分からなかった。前方から「グァー、グァー」と鳴きながら低空飛行で人間に向かってくる。こちらが身構えていると、目前でパッと空中に舞い上がり、戻って再び同じように向かってくるのである。人によっては頭をつつかれることもある。海にはペンギンを狙って、ヒョウアザラシやシャチも回遊している。時には氷盤上にいるペンギンも、海中から飛びあがって捕らえる。

ペンギンは数が多いだけに、他の動物の食糧ともなっている。とにかくルッカリーの周辺にはペンギンの死骸が点々と見られる。また近くの山の上には、トウカモが捕ってきたペンギンの卵の殻が散乱する。トウカモは卵を捕ると、少し離れた山の上まで運び、殻をつつき中身だけを巧みに飲むらしい。自然界の食物サイクルを思い知らされる時である。

世界最南端の航海海域を通りマクマード基地の波止場に入港する砕氷船
マクマード入江の彼方に南極横断山地が見える

◆航行可能な最南端の海域

ロス島と大陸の間がマクマード入江と呼ばれるのは、最初、ロス島が大陸の一部と考えられたからである。その南端はロス棚氷に連なる。その付近の海域は船が航海できる地球上の最南端でもある。その南に高さ二六八〇メートルのディスカバリー山がある。マクマード火山群のひとつで、私はさしづめ「マクマード富士」と呼べると考えている。そのディスカバリー山の噴火で発生したと思われる火砕流か泥流が北側の海に向かって流れ下り、棚氷の上を覆っている。その表面は砂礫《されき》と氷が混じり合い、凹凸が激しい独特の平原をなしている。その北側には大小七個の小島が点在する。標高は高くても一四〇メートル、どの島も頂上には美しいクレーターがある火山島で、ディリー諸島と呼ばれている。スコット基地の南側にはブラック島ホワイト島と呼ばれる二つの火山島がある。これらの山や島じまの噴火を人類は見ていない。

マクマード基地は、ハット岬半島南端のクレーターヒルの噴火口の跡に建設されている。ハット岬のスコット小屋の近くには、砕氷船や貨物船の係留可能な波止場が作られている。毎年一月になると砕氷船が定着氷を割って航路を開き、貨物船やタンカーが入ってくる。飛行場はロス棚氷の上に建設され、年間を通して維持されている。夏の間はニュージーランドのクライストチャーチとの間に大型機の定期便が週三～五回程度の割合で飛ぶほか、南極点基地への物資や人員輸送、野外調査隊の輸送などの飛行機が離着陸している。

マクマード基地のオブザベーションヒルに立つ十字架
背後の白い山はエレバス山

マクマード基地の背後にあるオブザベーションヒルは、標高一八〇メートルの溶岩円頂丘である。頂上からはエレバス山をはじめ、南側に広がるロス棚氷、ホワイト島、ブラック島、ディスカバリー山、南極横断山地、マクマード入江が一望の下に、スコット、マクマード両基地が眼下に見える。一九一二年二月から三月、南極点へ行ったスコット一行を待つ留守隊は、毎日のようにこの丘の上から、その姿を認めようと通い詰めた。不帰の客となったスコット、ウィルソン、ボワーズ、オーツ、エバンスを追悼して一九一三年一月、木製の十字架が建てられた（南緯七七度五一分、東経一六六度四〇分）。この十字架も南極の史跡となっている。

◆『世界最悪の旅』の目的地

ロス島の東端に位置するクロージア岬付近は、コウテイペンギンの大ルッカリーがあることで知られている。一九一一年七月、スコットが南極点へ出発する前、ウィルソン、ボワーズ、チェリー・ガラードによって実施された『世界最悪の旅』の目的地である。彼らは生命進化を研究する目的でコウテイペンギンの卵を求めて、エバンス岬の越冬基地からロス島南側の棚氷上をクロージア岬まで往復二〇〇キロメートルの道程を、暗黒の冬に踏破《とうは》した。

その時滞在地点に作った岩小屋（南緯七七度五一分、東経一六六度四〇分）は「イグルースパーの岩小屋」と呼ばれ、史跡に指定されている。この岩小屋は一九五七年三月二十二日、大英帝国南極横断隊のエドモンド・ヒラリーによって発見された。完全な形をとどめている人曳《び》きそりを初め、多くの残置物が発見され、その一部はニュージーランド本国に持ち帰られた。ニュージーランド隊は折に触れこの地を訪れて、保存に努めている。一九八二〜八三年のシーズンには、日本映画「南極物語」（タロ・ジロ物語）の撮影の一部もこの付近で行われた。この時、エドモンド・ヒラリーは、ウェッデル海側から南極点を通り、スコット基地に到着するイギリスの南極横断隊旅行をサポートするため、スコット基地〜南極点間の往復雪上車旅行を行っている。またエベレスト初登頂をしたことでも知られている。

『世界最悪の旅』の最初に、チェリー・ガラードは、「富士山は世界一美しい山、エレバス山は世界一重厚な山」とエレバス山を日本の富士山と比較しながら紹介している。

ロス島からロス棚氷に沿って東に航海すると、その東端には鯨湾、開南湾、大隈湾などが並ぶ。ノルウェーのロワルト・アムンセンが越冬地のフラムハイムを設けたのが鯨湾の近くである。白瀬矗の開南丸もこの付近を航海した。

3 ＊ 極点への旅

◈世界一高価な旅

宇宙旅行が商業ベースで可能になるという話題がでる昨今であるが、少なくとも二十世紀末から二十一世紀初めにかけて、地球上で最も高価な旅行は南極点を目指す旅行だと思う。アメリカ本国から南米を経由し、南極点まで往復で十日から二週間の旅が五百万円だという。世界一「高価な旅」といえるだろう。

もちろん豪華客船のファーストクラスの旅は、現代の最高の贅沢《ぜいたく》な旅かもしれない。それでも一日当たり三十万円以上もする極点への旅には及ばない。しかも、宿泊設備は必ずしも、最高級のホテルではない。ホテルどころか、南極ではテント暮らしである。私の知るこの旅は、一九八〇年代からアメリカで募集されている。アメリカを出発し、南アメリカのプンタアレナス、あるいはウスワイアを経由して、内陸氷原のパトリオットヒルズに飛ぶ。アメリカ本国から南アメリカの都市までは民間機の定期便である。南アメリカ南端の都市からパトリオットヒルズまでは、チャーターのプロペラ機、少なくとも双発機以上の大型機が使われている。

◈アムンセン・スコット南極点基地

パトリオットヒルズから南極点までは小型双発のツインオッター機で飛ぶ。約五時間の飛行を終えて南極点基地へ着陸すると、まず観光客は南極点の標識を目指す。南極点の標識は紅白で、理髪店のシンボルのようなポールの上に、金属の玉が乗っている。この標識を囲むように、南極条約原署名の十二か国の国旗が半円形に取り囲んでいる。

私が毎年のように訪れていた一九七〇年代から八〇年代にかけて、日章旗は必ず半円形に向かって右端に立てられていた。そしてさらにその右側に南極点と書いた大きな看板が立てられている。また標識の脇には小さな板に次のように記されている。

地理学上の極点
標高九一八六フィート
平均気温零下五六°F

そしてこの標識から一五〇メートルほど離れて、アメリカのアムンセン・スコット南極点基地の建物が建っている。南極点に初到達を果たした二人のリーダーを記念しての命名で、基地内には二人の写真が掲げられている。建物の入口は一〇メートルほど雪表面より低くなっている。一九七五年に使用を始めた時には、この入口は雪表面上にあったが、建物を建てたために、ドリフト（雪の吹き溜まり）ができて、基地周辺の風下側（東経一三七度側）が数メートル高くなってしまったからである。

入口を入ると、左右に直径一〇メートルのかまぼこ型のトンネルが延びている。右側は発電施設、雪上車の修理室、体育館などの建物が並び、左側には燃料タンクが並んでいる。このかまぼこ型の奥に主要施設のあるドームが建っている。かまぼこ型トンネルとドームは共に基地の建物の覆いである。

この覆いがあるため、建物はドリフトに埋まらず、ドアを開いても地表に建てられている感覚で行動できる。内陸氷原にある建物は建てて一～二年もすると、すべてドリフトに埋まってしまう。日本の内陸基地では入口からトンネルを掘り、地表への出口や建物間の通路を確保している。

アムンセン・スコット南極点基地。撮影された1975年1月には建物が雪表面上にあるが、2000年の現在、入口まで完全に埋まっている。

ＩＧＹの頃の南極点基地には覆いが無かったが、一九七五年の改築からこのような形式になった。アメリカは資金力も機動力も豊かで、内陸基地の建物はこのようにまず覆いを作りその中に建物を建てている。

基地の建物は直径五〇メートル、高さ一七メートルのドームが中心である。このドームの中に、二階建ての建物が三棟建っている。基地の中心の食堂、観測・通信施設、居住施設である。

基地に向かってドームの左隅の外側に例外的に四階建てのオーロラ研究施設が建っている。最上階はドームの屋根も見おろせる高さで、建物の二面はガラス張りでオーロラが見られるよう配慮されている。基地に向かって右側にもかなりの建物が並ぶようになった。最初は現在の基地を建設した時の建設作業員の宿舎だけだったのが、気象観測用のドームをはじめとする観測施設、資材置き場など、かなりの建物や資材が並んでいる。

◆リアルポール（本当の南極点）

基地の前にある南極点の標識の地点は、実は本当の南緯九〇度の点ではない。南極点付近の氷床の厚さは二七〇〇メートルあるが、その氷床全体が西経四三度の方向に年間一〇メートルほどの速さで動いている。厚く巨大な南極氷床ではあるが、大げさに言えば時々刻々動いている。したがって、雪氷面上に設置された南極点の標識も月に八〇センチメートルぐらいの割合で、その位置を変えている。南極点を示す標識を立派にしてもすぐ意味をなさなくなる。そこで基地の近くに立派な標識を建て、南極点を示すシンボルとしたのである。これはいわば写真撮影用の南極点で、「セレモニーポール」と呼ばれている。実際の南極点は毎年元旦に測定され、たとえば「二〇〇〇年一月一日」と記した小さなポールが建てられる。この本当の南極点を「リアルポール」とか「アクチュアルポール」と呼んでいる。一九七五年一月、現在の基地が建設され、セレモニーポールが作られた時点では、リアルポールとは三〇〇メートルぐらい離れていた。

私が初めて南極点を訪れたとき、私はマクマード基地から飛び南極点基地に到着するとすぐ、セレモニーポールを確認した。基地内の建物に入り、いろいろ話をしている間に、「リアルポール」の位置を聞いたが、基地に数週間滞在している人たちでも、「リアルポール」を知っている

南極点に立つセレモニーポール(中央)と南極条件原著名国の国旗

人の割合は三人に一人ぐらいであった。一般の人にとってはどちらの標識でも問題ないであろうが、地球科学を専門とする私はやはり「リアルポール」に立ちたかった。

南極点を訪れた人が必ずといってよいほど行うパフォーマンスが、世界一周である。標識を中心に一回りすれば、あっという間にすべての経度線を横切ることになる。赤道付近でこれを実施するとなれば、ジェット機でも二日間は必要となる。仮に地表面を行くとなると、一か月近くは要するであろう。それが南極点では、ほんの一〜二秒でできてしまう。ただし、そのパフォーマンスが世界一周になるのは、リアルポールだけで、セレモニーポール付近ではすべての経度線を横切ることにはならない。

建設されて二十年以上が経過し、現在では、セレモニーポールも基地の建物も、リアルポールに近づき、指呼の距離となった。それでもリアルポールの周辺を一周しなければ、世界一周を達成したことにはならない事情は同じである。

◆南極点での写真撮影

飛行機で南極点の標識（セレモニーポール）を訪れた観光客は、写真を撮り、極点に立てた感激にひたる。そして世界一周のパフォーマンスを始める。その中で、リアルポールの存在を知る人はどのくらいいるのだろうか。

南極点を訪れたときに注意しなければならないことのひとつが、高度差と気温である。南極点付近の標高二八〇〇メートルは、日本では三〇〇〇メートル以上の高山に匹敵する。気圧は低く、急いで動くと息切れがし、ひどくなると頭痛のような高山病の症状が出てくる。あくまでもゆっくりと歩き行動するのが、気分よく極点を楽しむコツである。

夏の南極点付近の気温は暖かく、マイナス二〇〜二五℃程度のことが多い。ある年、飛行機から一歩外に出たら「寒いな」と感じたことがあった。このときの気温はマイナス三八℃であった。マイナス五〜一〇℃のマクマード基地で生活していたので、三〇℃の気温差を体は確実に識別したようだ。

とにかくマイナス二〇℃以下の低温だと、カメラに注意しなければならない。現在のカメラはほとんどが電池による全自動式である。低温により電池が消耗すると、カメラ自体が動かなくなり、撮影不可能となる。夢の南極点に立ち撮影不可能では、泣いても泣ききれまい。

メカニカルなカメラでも安心できない。低温によりフィルムが固くなってしまう。そして巻き上げに気をつけないと、フィルムのスプロケット（穴）のところが切れてしまう。こうなると巻き上げ不能で、結局は撮影不可能となる。

南極点（ばかりでなく氷原はどこもおなじであるが）では、カメラを常にポケットに入れたり、カイロを入れた袋に入れたりと、保温には十分に気をつけることである。逆に保温にさえ注意すれば、記念撮影程度の写真なら、電動式の全自動のカメラでも鑑賞に耐える写真撮影が可能である。

南極点基地では、観光客は歓迎されない。アメリカの南極観測隊は、南極条約の精神を尊重し、観光には冷ややかである。しかしそこは人間同士、南極点基地でシャワーを使わせてもらった人もいるし、コーヒー一杯だけを飲んで帰った人もいる。特に夏の期間は忙しい。太陽が二十四時間出ているので、訪れる人にとっては都合がよい。しかし基地の人々の日常勤務は昼間働き、夜は寝るという当然の生活をしている。逆にドームの中は暗いので二十四時間夜のような感じで、日常生活はすべて時間によって動く。

南極点基地の時間は便宜上マクマード基地の時間に合わせている。世界標準時に対してプラス一二時間である。そんな生活をしているところへ、時間の観念が欠如した人たちが訪れ、騒がれたらたまらない。観光客が歓迎されない理由のひとつでもある。

このような旅行の場合、目的地の南極点基地滞在は一時間とか多くて二時間ぐらいの極めて短い時間になるのは仕方がない。観光客を運んだ飛行機は南極点では給油ができないからである。どんなに困難なことがあっても、パトリオットヒルズと南極点間の往復飛行は無給油で実施しなければならない。

一九七五年一月、開設された時、十五年は使用するといわれた現在の基地は二十五年になった。かまぼこ型ドームの屋根までドリフトで埋まっている。アメリカは一九九八年から新しい基地の建設を開始した。新基地は現在の基地に対し、リアルポールの反対側に建てられつつある。新しい建物が完成するとドームをはじめ、旧基地の建物はすべて撤去するという。南極点の標識と基地の建物群との関係は、現在と同じではあるが、その景観は大きく変わるだろう。

4 ＊ 南極大陸周航

◈大陸周航観光ツアー

南極ファンを十分に満足させる観光ツアーが一九九六年〜九七年の南極の夏に実施された。

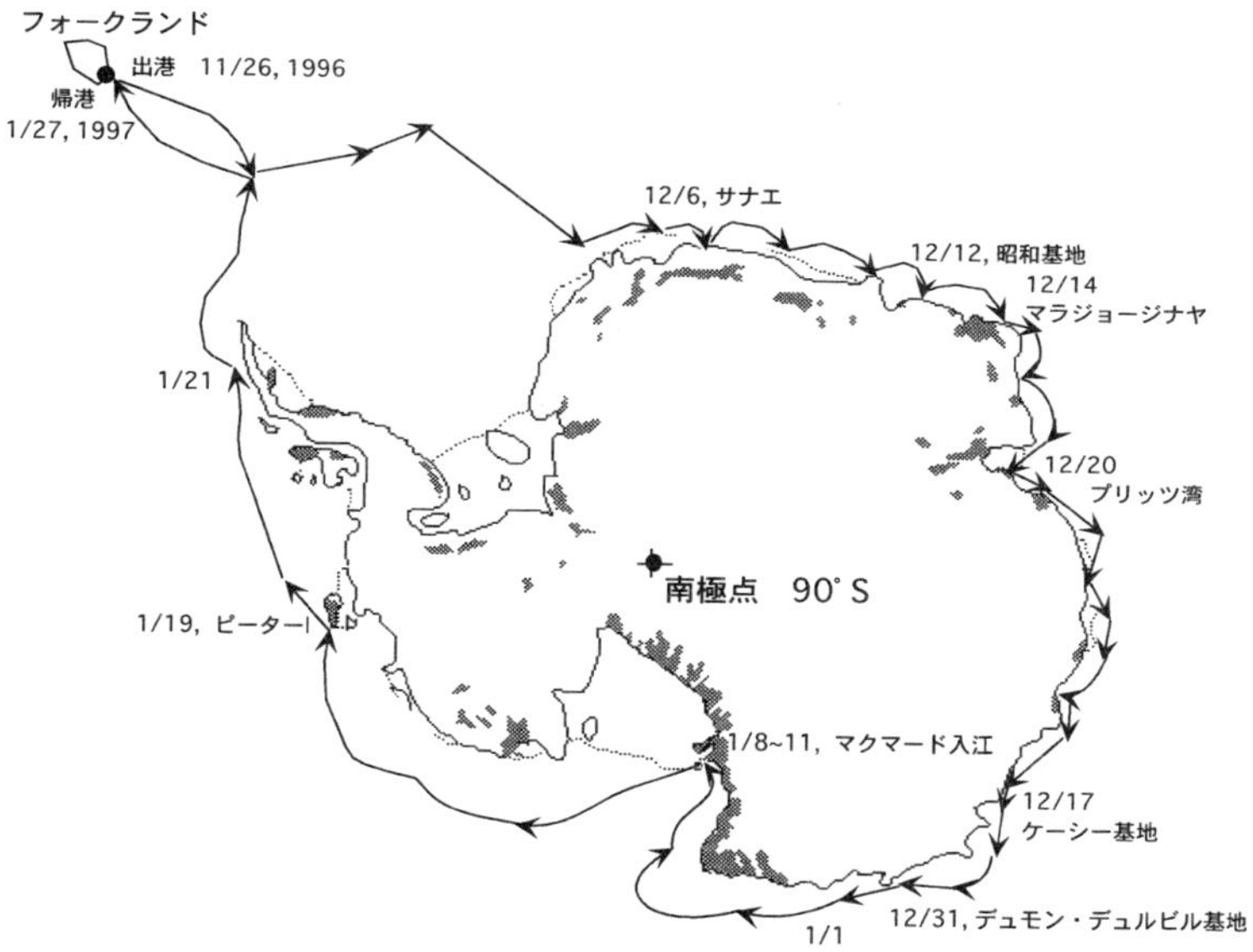

南極大陸周航ツアー日程

「第一回南極大陸周航」と名づけられたこの観光ツアーには、日本人も四名参加していた。ロシアの「カピタン・クレブニコフ」号（全長一三二・四メートル、一二二八八トン：オフィサー十七名、乗組員四十四名、エクスペディションスタッフ十八名、ホテルスタッフ九名）は観光客六十六名を含む十七か国からの一五四名を乗せ、一九九六年十一月二十四日、フォークランド諸島東フォークランド島を出港した。観光客はチリのサンチャゴに集合し、チャーター機でサンチャゴからフォークランドのスタンレーへ飛んだ。乗員のエクスペディションスタッフというのは、ヘリコプターパイロットを含め、南極観光を担当、ホテルスタッフは乗客の船上での生活の面倒をみる人たちである。

十一月二十五、二十六日とドレーク海峡を南下し、二十七日にサウスオークニー諸島のコロネーション島（南緯六〇・六度、西経四五・六度）に寄港し、アイスバーグ湾内をゾディアック（船外機つきゴムボート）で遊覧し、ペンギンやアザラシを見物した。コロネーション島は一八二一年十二月、アメリカのナサニエル・パーマー船長とイギリスのジョージ・パウエル船長の英米連合船隊によって発見された。そしてパウエル船長は一八二〇年大英帝国の国王に即位したジョージ四世を記念し、同島をコロネーション（戴冠《たいかん》）と命名した。近くにはイギリスのH基地（南緯六〇・七度、西経四四・七度）があるシグニー島、アルゼンチンのオルカダス基地（南緯六〇・七度、西経四五・六度）のあるラウリエ島などが点在する。

その後、船は一日ほど東へ航海したあと、ウェッデル海に向け南下、浮氷帯に突入した十二月一日、ウェッデル海北東端のリーセル・ラルセン棚氷に到着した。十二月三日までの間に観光客はヘリコプターで棚氷上のコウテイペンギンのルッカリーを訪れたり、空から海氷を眺めたり、海氷上の散歩を楽しんだりした。

◆航海最初の基地訪問

十二月四日、ドイツのゲオルク・フォン・ノイマイヤ基地（南緯七〇・六度、西経〇八・四度）近くに停泊し、氷上のコウテイペンギンのルッカリーを徒歩で訪れた。この近くには一九四九年から一九五二年にかけて行われたイギリス、ノルウェー、スウェーデン三国共同隊の拠点であるモードハイムがあった。三国共同隊は大陸内で人工地震を実施し、南極氷床の厚さが二〇〇〇メートルを超える地域があることをつきとめ、当時の人々を驚かせる成果を得ている。

翌五日、ヘリコプターで棚氷上のノイマイヤ基地を訪問した。この航海で最初の観測基地訪問である。ノイマイヤ基地は一九八一年に西ドイツ（当時）が建設した。棚氷上の基地なので、内陸基地に比べ埋まるのが早く、すでに建て替えが行われ、この航海当時の建物は一九九二年に設けられた。基地は約二〇〇メートルの厚さの棚氷中の表面に、直径八メートル長さ九〇メートルの鉄鋼管を埋設し、その太いパイプ（管）の中にコンテナーの居住棟、実験棟、発電棟などが置かれている。基地のエネルギーはディーゼルエンジンと二〇キロワットの風力発電で、棚氷の中とはいえ、室内は二〇度に保たれている。基地への補給は約八キロメートル北方の開水面に停泊する船から行われる。二〇〇〇年頃にまた建て替えるという。

六日には南アフリカのサナエ基地（南緯七〇・三度、西経〇二・四度）沖に停泊し、ヘリコプターで同基地を訪れた。サナエ基地は、ＩＧＹで建設された南極でも最も古い基地のひとつである。やはり棚氷上に建設されているため、一九九七年に四回目の建て替えが行われた。一行が訪れたのはサナエⅢ基地で、一月には基地の機能は新しいサナエⅣ基地へと移された。

◆東半球へ入る

十二月七日、船は東半球に入り、八日にはロシアのノボラザレフスカヤ基地(南緯七〇・八度、西経一一・四度)、インドのマイトリ基地(南緯七〇・八度、西経一一・七度)の沖合に停泊した。この両基地の距離は四キロメートル、徒歩でも往来できる近さである。ノボラザレフスカヤ基地は一九六一年に開設され、サナエ基地、昭和基地とともにドローニングモードランド沿岸での気象、地震などの観測に成果を挙げている基地である。

インドは南極観測では後発国で、マイトリ基地の北方一〇〇キロメートルの棚氷上に、一九八二年に夏だけのダクシン・ガンゴトリ基地を開設した。そして一九八四年内陸の露岩上にマイトリ基地を開設し、越冬を始めた。観光客は棚氷上の散策を楽しんだだけで、船はプリンセッセ・アストリキスト(プリンセス・アストリ海岸)からプリンセッセ・ラングヒルキスト(プリンセス・ラングヒル海岸)の沖合を東へと航海を続けた。この海域は南極大陸周縁でも、最も浮氷が発達しており、大陸に近づくのが困難な場所として知られている。十二月十一日にはリーセル・ラルセン半島沖を通過した。一七七三年一月十七日十一時十五分、イギリスのジェームス・クック船長のリゾルーション号が、東経三九度線で、人類にとって初めて南緯六六度三〇分を突破し、南極圏へと入った海域である。

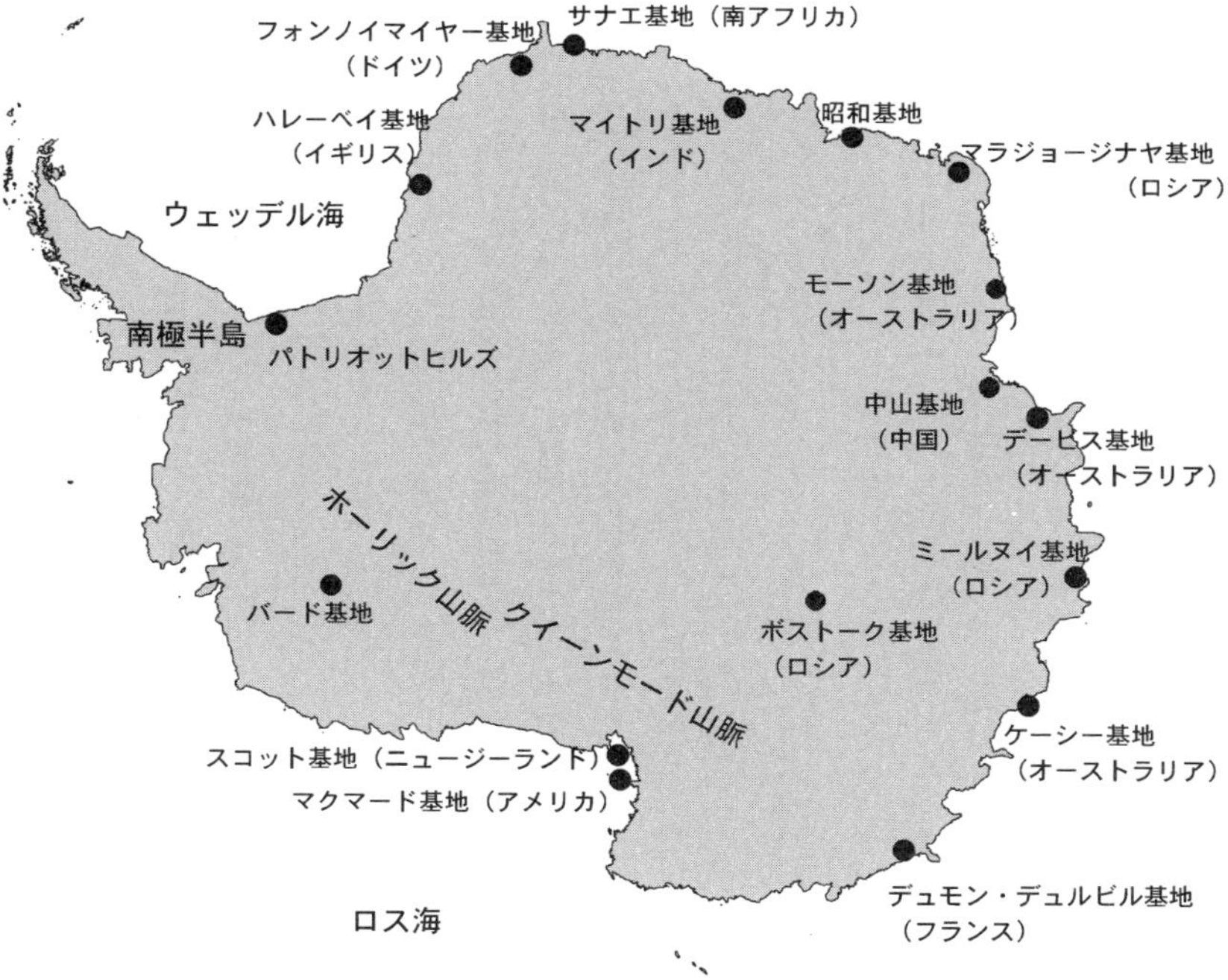
フォンノイマイヤー基地
（ドイツ）
サナエ基地（南アフリカ）
ハレーベイ基地
（イギリス）
マイトリ基地
（インド）
昭和基地
マラジョージナヤ基地
（ロシア）
ウェッデル海
モーソン基地
（オーストラリア）
南極半島
パトリオットヒルズ
中山基地
（中国）
デービス基地
（オーストラリア）
ホーリック山脈
ミールヌイ基地
（ロシア）
バード基地
クイーンモード山脈
ボストーク基地
（ロシア）
ケーシー基地
（オーストラリア）
スコット基地（ニュージーランド）
マクマード基地（アメリカ）
デュモン・デュルビル基地
（フランス）
ロス海

南極のおもな基地

◆昭和基地訪問

十二月十二日、一行は昭和基地を突然訪れた。訪問の打診はあったが、来るのかどうかはっきりしなかったというのが昭和基地側の話で、船側は天候が悪く、行けるか行けないかぎりぎりのところで、訪問を決断したという。二十人くらいを一グループとして合計四グループに分かれて、ヘリコプターでやって来た。昭和基地側ではそれぞれのグループに一〜二名の案内者をつけ、ヘリポートから基地内を案内したが、一時間半の滞在では十分な見物はできなかった。それでも二人の日本人女性は大感激だったようで、隊員との交流を「極地」（六六号、一一〜一三頁：荒井庸子）に寄稿している。越冬隊にとっても、二月に「しらせ」が離岸して以来、十か月ぶりに会った隊員以外の人たちだった。単調な越冬生活に変化を起こした来訪で、慌ただしいなかでもそれぞれが観光客への対応を楽しんだようだ。以下は翌十三日の昭和基地の日刊紙「コナサン新聞」（第三二七号）の写真入りの記事である。

〈観測史上初めての観光団訪問〉

昭和基地の歴史四十年に、新たな一ページが加わった。昨日一六時五〇分、爆音と共にロシアのヘリコプターがAヘリに着陸し、第一陣の観光団が昭和に降り立った。一行は別の小さなヘリコプターでBヘリに着陸したGolikov船長を初めとするスタッフ二十二名と乗客六十五名の合計八十七名、十五か国のナショナリテー。そのうち日本人は四名。それぞれ四グループに分かれて昭和基地に到着し、Aヘリから徒歩で電離棟の裏山、気象棟などを通り、基地の概要をつかんだ後、管理棟の娯楽室でTシャツなどのおみやげを買ったり、スタンプを押したりしながら隊員と交流をはかった。昭和基地の印象を聞いてみると、「今まで訪問した中で一番大きいように思う。石や土が出ているとは思わなかった」またドイツのノイマイヤー基地から昭和まで、六日間ぶりの船外行動ということで楽しみにしていたが、一時間半という基地滞在はどうも短くてあわただしかったと異口同音に話していた。一方コースの下見を四回行ったという菊池学長は、「久々に他の人に会ったという気がしなく、違和感がなかった。統制がとれていて気持ちの良い方たちだった。最後に総力戦で皆さんが参加してくださって良かった」と一仕事終えた後バーで語っていた。最後の便が二一時三〇分昭和基地を去ると、かすかなにおいを含んだ冷ややかな夕方の風の中に、久々に握った女性の手の温もりとそして一抹の思い出だけが残った。嵐のように現れて嵐のように去っていく……夢のような出来事に、誰かがくちばしっていた。(以上原文のまま)

◈燃料補給

十三日、クロンプリンス・オラフキスト(プリンス・オラフ海岸)沖を航行した一行は、十四日にロシアのマラジョージナヤ基地(南緯六七・七度、東経四五・九度)を訪れた。この基地では南極一周航海のための燃料補給も行った。昭和基地の三〇〇キロメートル東に位置するマラジョージナヤ基地は、一九六二年に開設された隣の基地であり、これまでにも何回か行き来があった。二〇キロメートル内陸の氷床上に大型航空機用の滑走路が作られていた時代もあったロシアの主要基地である。十五日、昭和基地へと向かう「しらせ」と回合《かいごう》した。

十五日から十六日にはエンダービーランド沖合のプロクラメーション島（南緯六五・九度、東経五三・七度）やクロア岬（南緯六六・六度、東経五七・三度）をヘリコプターで訪れている。一九二九〜三一年のダグラス・モーソンのイギリス・オーストラリア・ニュージーランド南極探検隊（BANZARE）によって発見された小さな島である。そのBANZAREの隊員だった人が九十歳という高齢にもかかわらず、乗客として本航海に参加していた。一九三〇年一月十三日、島の頂上部でイギリス領として領土宣言をしたことから、プロクラメーション（宣言）と命名された。ペンギン、雪鳥などの海鳥や、アザラシのルッカリーやコロニーが点在している。

クロア岬はエンダービーランドとケンプランドの境目に位置した岬で、リュツォ・ホルム湾やオングル島などを視認した一九三六〜三七年のノルウェーの探検隊によって、地図に記入された。ノルウェー語の乗組員の意のクロアと命名された。コウテイペンギンのルッカリーがある。

十七日にはオーストラリアのモーソン基地（南緯六七・六度、東経六二・八度）を訪れている。一九五四年に開設された、南極でも古い基地のひとつで、オーストラリアの南極探検で実績のあるダグラス・モーソンを記念して命名された。モーソンは一九〇七年からのシャクルトンの探検隊に参加、ロイズ岬で越冬し、一九〇八年一月十六日、南磁極到達を果たした人である。その後、一九一二〜一三年にもオーストラリアの探検隊を率いて、西側から南磁極に到達し、南磁極が移動していることを初めて確認した。

十八日にはヘリコプターでスクリン・モノリス（南緯六七・八度、東経六六・七度）を、またゾディアックでムレイ・モノリス（南緯六七・八度、東経六六・九度）を訪れている。ともにマックロバートンランドの沿岸に位置し、一九三〇年に飛行機からモーソンが視認した地域である。

この二つの地名は、一九二九〜三一年オーストラリアの首相だったジェームス・ヘンリー・スクリンと、探検隊を支援した南オーストラリア州最高裁判所長官であり、アデレード大学の総長だったジョージ・ムレイ卿《きょう》の名を冠している。「モノリス」は巨大な一枚岩や石柱を意味する。ともに海鳥やペンギンの繁殖地である。

十九日はダーンレイ岬（南緯六七・七度、東経六九・五度）を船から徒歩で訪れている。この氷に覆われた岬の発見の経緯は面白い。一九二九年十二月二十六日、モーソンは探検船ディスカバリー号のマストの見張り台から蜃気楼《しんきろう》の陸地を見た。モーソンは次のシーズン再びその海域を訪れ、一九三一年二月十日、その岬に接近し、陸地であることを確認したのである。そしてイギリス植民省のディスカバリー委員会議長のダーンレイの名を命名した。

◈プリッツ湾の航海

十二月二十日から二十三日にかけて船はプリッツ湾を航海した。プリッツ湾の奥にはアメリー棚氷が広がる。二十一日に中国の中山基地（南緯六二・三度、東経五九・〇度）を訪れた一行は、一九八七〜九一年の間開設され、現在は閉鎖されているロシアのプログレス基地やオーストラリアが一九八七年より設けている夏基地のローベースを徒歩で訪れている。一行は南極の露岩上の遠足を楽しんだはずである。中山基地は中国二番目の南極基地である。一九九〇年に開設され、オーロラ帯の下にあることから、年間を通じ日中共同で超高層物理学の観測を続け成果をあげている。

二十二日はオーストラリアのデービス基地（南緯六八・六度、東経七八・〇度）をヘリコプターで訪れた。この地域はベストフォルドヒルと呼ばれ露岩地域が広いので、散歩やトレッキングを楽しむ格好の場所で、一行は点在する氷河湖やモレーン（堆石《たいせき》）など、氷河地形を楽しんだ。デービス基地はＩＧＹに備えて一九五七年開設され、一九六四年に閉鎖されたが、一九六九年に再開され、以来今日まで継続されているオーストラリアにとって二番目の南極大陸沿岸にある基地である。

ペンギンルッカリーの見物のため、一行は近くにあるガードナー島（南緯六八・六度、東経七七・九度）をゾディアックで訪れている。一九三六〜三七年にノルウェーの探検隊がこの島を空から写真に撮り、地図に記入した。一度、ノルウェー名の地名がつけられたが、一九五八年、オーストラリアがデービス基地で越冬したディーゼル機関担当のライオネル・ガードナーにちなんで命名しなおした。

十二月二十三日から二十六日、船はウェスト棚氷、ロシアのミールヌイ基地（南緯六六・五度、東経九三・〇度）、シャクルトン棚氷などの沖合を航海し、二十七日にはバッドコースト（バッド海岸）沖合に到着した。ここでゾディアックでペーターソン島（南緯六六・五度、東経一一〇・五度）を訪問している。

ペーターソン島は一九四七年と四八年にアメリカが実施した地図作りのための大オペレーション、ハイジャンプ作戦とウインドミル作戦で航空写真が撮られ、一九四八年一月には天文測量が行われ、その作戦に参加したアメリカ海軍の補給長メンデル・ペーターソン大尉にちなんで命名された。ペンギンルッカリーやアザラシのコロニーがある。オーストラリアはＩＧＹ中にウィルクス基地を設けていたが、一九六九年、ニューコム湾をはさんだ西側に新しくケーシー基地を設けて今日に至っている。二十七日にケーシー基地（南緯六六・三度、東経一一〇・五度）も訪問できた。

◈南極大陸半周

二十八、二十九日と沖合を航海した船は、この時点で南極大陸を半周したことになる。十二月三十日、南磁極に最も近づき、三十一日にはフランスのデュモン・デュルビル基地（南緯六六・七度、東経一四〇・〇度）をヘリコプターで訪れた。この海岸付近はウィルクスランドの一部ではあるが、一八四〇年一月、デュモン・デュルビルが率いたフランスの探検隊によって発見され、デュモン・デュルビル自身が、自分の妻の名をとり、テール・アデリー（アデリーランド）と命名した。またそこに生息していたペンギンを「アデリーペンギン」と名づけた。

一九八〇年代、フランスはデュモン・デュルビル基地の沖合に並ぶ島々の間を埋め立て、飛行場の建設に乗り出した。土木工事によって多くのアデリーペンギンのルッカリーを破壊し、環境保護団体から非難された。その後、海氷に閉ざされている南極大陸沿岸としては珍しく嵐による大波浪で、建設した滑走路が破壊され、計画は中止された。

◈世界最強風地帯

一九九七年元旦、一行はデニソン岬（南緯六七・〇度、東経一四二・〇度）を訪れる予定であったが、強風のため上陸は中止となった。この地はダグラス・モーソンのオーストラリア・南極探検隊が一九一二年に到着、一九一四年まで越冬した地で、当時の小屋が南極史跡として残っている。モーソンは探検隊の支援者の一人、シドニーのヒュー・デニソン卿の名をとり命名した。越冬を始めて分かったことだが、この地は世界最強風地帯であった。年間を通じての平均風速は一九・五メートル、瞬間最大風速は一〇〇メートルに達した。日本の台風よりはるかに強い風である。強風の原因は大陸斜面を流れ下る斜面下降風であるが、モーソンは越冬記「ブリザードの故郷」を著し、その強風のすごさを述べている。斜面下降風はカタバ風（カタバティックウインド）と呼ばれている。内陸氷原で冷やされた空気が大陸斜面を流れくだることによって発生する。

一月二日から四日、オーツランド沖合の浮氷帯外縁を通過し、一月五日、アデア岬に到着した。一行は一月十一日までロス海西岸に沿って航海を続け、地球上で航海のできる最南端のマクマード入り江に達している。ロス島のマクマード、スコット両基地やスコットやシャクルトンの越冬小屋などの南極の史跡を訪れたり、ドライバレーのテイラー谷をヘリコプターで遊覧飛行をして楽しんだり、ポゼション島やフランクリン島へ上陸したりした。この地はスコット、アムンセンの南極点一番のりなど、南極の英雄時代に数多くの探検隊が訪れた海域と陸域である。本航海もクライマックスに達した。白瀬矗もまた開南丸でこの海域を航海して、鯨湾へと向かい、大和雪原に達したのである。

◈再び西半球へ

船は再び西半球に入り、一月十二日から十八日、一行はアムンセン海の海氷縁に沿って、航海を続けた。一月十九日にはピーターI世島（南緯六六・八度、西経九〇・六度）を訪れた。ゾディアックで付近の海域を遊覧し、アザラシのコロニーやペンギンルッカリーを訪れている。

ピーターI世島はIGYの時、日本の基地建設候補地のひとつになっていた。島の大きさが長さ三五キロメートルに対し、幅八キロメートルと狭く、全島がほとんど氷河で覆われ、しかも大陸からは三〇〇キロメートル以上も離れているという。どれをとっても条件がよくなく、日本は候補地からはずした。

一月二十日、ベリングスハウゼン海を航海し、二十一日には南極半島のグレアムランドに接近し、ピーターマン島（南緯六五・二度、西経六四・二度）に寄港した。この島は一八七三〜七四年のドイツの探検隊により、発見され、ドイツの測量士アウグスト・ピーターマンの名をとって命名された。当時の小屋は南極の史跡になっている。

船はゲルラッシュ海峡に入りアンバース島を左舷に見て進む。そして右舷側グラハムランドから突き出したアルツトゥスキー半島の先端にあるクーバービル島（南緯六四・七度、西経六二・六度）に停泊し、ゾディアックでペンギンルッカリーの見物をする。クーバービル島は一八九七〜九九年にゲルラッシュ海峡に名を冠されているアドリエン・デ・ゲルラッシュに率いられたベルギーのベルジカ探検隊によって発見され、フランス海軍の副提督の名をつけられた。船は北上を続けるが右舷側のグラハムランド沿岸は一八二〇年代、南極大陸初視認、初上陸などがなされた地域である。

◈デセプション島に到着

一月二十二日、船はデセプション島（南緯六三・〇度、西経六〇・六度）のフォースター泊地に入港、停泊した。フォースター湾は十九世紀の捕鯨時代から天然の良港として知られており、湾内には温泉も湧出し、南極で唯一海水浴が楽しめる場所として、本航海のハイライトの場所のひとつである。ただし、一行は海水浴はしなかったようだ。一月二十三日、船はブランスフィールド海峡に入り、リビングストン島、グリニジ島などを左舷に見て進む。（一四五頁の図参照）途中、ゾディアックでハーフムーン島に上陸したり、島じまの間や湾内を回り、ペンギンやアザラシを眺める。そしてキングジョージ島を過ぎ、一月二十四日にはエレファント島を観光し、一月二十五日から二十六日にかけて、ドレーク海峡を横切り、一月二十七日、フォークランド島に戻り、二か月を超える総航海距離二三二四五キロの航海が終わった。

このような南極大陸を一周する観光ツアーは、一九九八〜九九年にも行われたが、一九九九〜二〇〇〇年に行われたか否かは寡聞《かぶん》にして知らない。

5 ＊南極の地名

◈国ごとに異なる命名法

南極大陸には原住民も先住民もいないから、そのどの場所にも地名というものは存在しなかった。人類の進出があって初めて、地名がつけられていった。最初は船員たちの間の通称だった呼び方（たとえばヤンキーハーバー）が正式名称になったり、その航海中に命名したり、後日改めて命名したりといろいろである。

その名もロス海、ロス島、エバンス岬のように探検隊のリーダーやメンバー、アデリーランドやマリー・バードランドのようにその家族、ロックフェラー高原、オオクマ（大隈）湾のように探検隊の後援者、ピーターI世島のように自国の皇族名などいろいろな人の名がつけれられた。エレバス山、テラー山、カイナン（開南）湾のように探検隊の船の名、バンダ湖、ビタ湖はドライバレーの調査でそりを曳いた犬の名である。ドンファン池はその池を発見した二人のヘリコプターパイロットのファーストネームのドンとジョンを組み合わせてつけられた。

その形から地名がつけられる例も多い。ドライバレーにあるオベリクス山、ピラミッド山などがその例である。一九八〇年代後半から一九九〇年代にかけて日本隊が調査したセールロンダーネ山地は、ノルウェーが領土宣言をしている地域である。ノルウェー本国にはロンダーネ山脈があり、南ロンダーネ山脈という意でセールロンダーネと命名された。

チリやアルゼンチンの基地名はアルゼンチンの大統領や有名な軍人の名をつけた例が多い。チリのフレイ基地、アルツロ・プロット基地、オヒギンズ基地、アルゼンチンのエスペランザ基地、サンマルチン基地などがその例である。中国の長城基地は英語名ではザ・グレートウォール・ステーションと長城を意訳して使っている。それに対し中山基地はツォンシャン・ステーションと「中山」を中国読みで発音している。中山基地ではオーロラ観測のため日本の観測器械を設置して、日中共同研究をしている。日本の超高層物理学の人たちはこの基地を「チュンザン」と呼ぶ。中山を「チュウザン」と呼べば日本式の発音になるのだが、「中」を日本の麻雀用語である「チュン」と呼んで、なんとなく中国式の発音をしているつもりになっているらしい。中国の人たちからみれば奇異な発音となるが、通じるからとの理由で「チュンザン」が使われ続けている。

韓国の世宗基地の英語名はキング・セジョンステーションとキングをつけてある。ところが近隣の基地の多くはスペイン語圏なので、「キングセホン」とスペイン語の発音を聞くことが多い。

世宗基地もあるサウスシェトランド諸島のキングジョージ島は「キング」をスペイン語に訳し「レイ（Ray）」と発音し、「イスラ（島）レイ　ゲホルゲ」と完全にスペイン語になっている。またアルゼンチンはこのキングジョージ島を「五月二十五日島」と、自国の名をつけている。このようにひとつの場所に異なる複数の地名がついてる例は少なくない。

◆地名統一の努力

IGY以後、それまで各国がばらばらに決めていた南極の地名を、統一をとった決め方にしようと各国とも国内に地名選定のための委員会が設けられた。各国で決定した地名はSCARを通じすぐ公表されることになった。IGYから十年間ほど、アメリカは氷床の厚さの測定を中心に内陸氷原の調査を続けた。したがって次々に新しい地形が発見され、名前がつけられていった。

アメリカの方針は若い研究者を中心に南極研究を奨励する目的から、積極的に人の名を地名として命名した。調査旅行に参加したメンバーはもちろん、南極ばかりでなく北極で活躍した人の名も南極の地名として採用され、その中には何人かの日本人も含まれている。

私のアメリカの友人の一人ピーター・ワシレフスキー博士は現在、NASA（アメリカ航空宇宙局）ゴダード研究所に勤めている隕石研究者であるが、彼が学生時代に参加した内陸旅行で発見された山のひとつが「ワシレフスキー山」（一六一五メートル、南緯七五度一一分、西経七一度二四分）と命名された。

元北海道大学教授の清水弘先生も、アメリカ隊の内陸調査、バード基地での越冬に参加したが、調査の結果新しく地図に示された氷床内の大きな流れに「シミズ　アイスストリーム（氷流）」（南緯八六度一一分、西経一二四度〇〇分）という名がつけられている。

極地研究所名誉教授の楠宏先生は、第一次隊にも参加したが、北極海の雪氷観測で活躍していた。「クスノキ・ポイント（岬）」（南緯六五度三三分、西経六五度五九分）は南極で活躍したということより、当時活躍している雪氷学者（海氷の専門家）という理由で命名されたようだ。

「タカキ・プロモントリィ（岬）」（南緯六五度三三分、西経六四度〇四分）という名がある。日本帝国海軍の軍医総監で、一八八二年に食餌添加によって脚気《かっけ》の予防法を確立した高木兼寛男爵を記念して、一九五九年イギリスの南極地名委員会により命名された。脚気は新鮮な野菜の得られない南極では最も恐ろしい病気のひとつであった。その予防法を確立した功績への顕彰であった。高木は宮崎県出身でイギリス留学の経験のある医師であった（一三九頁の図参照）。

「ナカヤ・アイランズ（諸島）」（南緯六六度二七分、西経六六度一四分）もイギリスで命名された。日本の雪の研究者で、北海道大学に低温研究所を創設した故中谷宇吉郎を記念しての命名である。

一九九九年の初め、アメリカ科学財団から、ドライバレーのニューオール氷河の中に突き出ている岩峰に「カミヌマクラッグ（岩峰）」と命名したとの連絡があった。私が一九七〇年代後半から一九八〇年代にかけて日米共同観測や日米ニュージーランド三国共同観測で活躍したという理由である。私の名が南極の地名についたことを知った友人の何人かは素直に喜んでくれた。しかし、私の気持ちは複雑であった。それはもし私がアメリカ人だったら、私の南極における経歴を考えれば、もっと前にどこかの地名に名がついてよかったし、私以外にも命名されて当然の日本人がほかにもいると思ったからである。同じ時、鳥居鉄也先生の名も「トリイ山」につけられた。鳥居先生のマクマード基地やスコット基地での実績を考えると、私の場合と同じく素直には喜べない感じをもった（一七五頁の図参照）。

一九八四年、アメリカ大使館から故永田武所長のもとに、「ナガタ山」（二二四〇メートル、南緯七一度二二分、東経一六二度四七分）命名の通知が来た。先生のSCARをはじめとする長年の南極観測への功績を顕彰しての命名である。

◈日本の命名規則

アメリカほど極端ではないにしても、外国では人名を地名にするのになんの抵抗もなく、命名が行われている。これに対し、日本は人名をつけるのを厳しく制限していた。日本の地名命名規則では、地形を一級、二級、三級に分類している。一級というのは広大な地域で昭和基地の南に広がる内陸氷原の「みずほ高原」がその例である。二級は山脈や大氷河、三級はそれより狭い範囲で、山、小さな氷河、湖水、岬などとなる。そして、二級の地形に人名をつけてよいことになっていた。その規則に基づいて命名されたのが「しらせ氷河」「かや氷河」である。「しらせ」はもちろん白瀬矗を顕彰したものであり、「かや氷河」は茅誠司元東大総長の名を冠したものである。茅は国際地球観測年頃の日本学術会議会長で、いわば日本の南極観測の生みの親である。

やまと山脈に福島岳（二四七〇メートル、南緯七一度二一分、東経三五度三七分）という山がある。一九六〇年十月、昭和基地で越冬中遭難死した第四次隊の故福島紳隊員を偲んでの命名である。この年、第四次隊は初めてやまと山脈の調査をし、その最高峰を福島岳と命名した。日本で地名命名規則制定以前のことであった。

この日本の命名規則を私は大変好ましいと思っていたが、二〇〇〇年を最後に廃止され、人名も自由に命名してよいという規則になった。しかしそうなると、命名には十分注意しないと不公平感が出てくる。

地名の命名も南極観測に功績のあった人の顕彰の意味が大きい。このような命名ばかりでなく、ノーベル賞でも、日本の文化勲章や叙勲制度にしても、すべて公平とは限らない。人が人を誉めるのはそれほど難しいことともいえる。シドニーオリンピックの女子マラソンで優勝した高橋尚子選手の国民栄誉賞、柔道の田村亮子選手の総理大臣顕彰の理由が十分に理解できなかった国民は少なくなかろう。二人とも表彰されることに異を唱える人は少ないと思うが、三大会連続のメダルを獲得した田村選手が、国民栄誉賞より格下らしい総理大臣顕彰というのが理解できない。それでも高橋選手や田村選手はいちおう総理大臣によって誉められたからそれなりに努力は認められたといえよう。それでは二大会連続金メダルの男子柔道の野村選手には総理大臣からの表彰はなかったのはなぜなのだろう。

このように「賞」や「勲章」を得るのは推薦する人の気持ちに左右されることが多い。学問の世界ではそれぞれの学協会に「学会賞」というのがある。この授与も同じで、同じような研究成果を挙げた人がふたりいたとしても、そのうち一名は学会のボス的な人の推薦を受け、他の一名は推薦してくれる人がいなければ、後者は受賞できない。賞の功罪を考えると、必ずしも賞があるのが善ともいえず、私の所属する学会のひとつ「日本地震学会」や「日本火山学会」では学会賞を設けていない。もっとひどいのは叙勲制度である。さすがに最近はこの制度の再検討が国会でも叫ばれだしたようだが、国民を「一等」「二等」などと区別する理由を理解できない。

このように「賞」や「勲章」は、それを受けた人が立派なことには間違いないであろうが、受けない人の中にも同様な功績があった例は多いはずである。人間の差別になるような制度はなるべく無いほうが善い。

数年前のことである。アメリカ科学財団の人たちと話をしている時、アメリカが南極観測に参加し、ある基準に達した人に贈る「南極功労章」とか「南極貢献章」について話題になった。アメリカ人たちは当然、私がそれらの勲章をもらっていると思ったらしいが、私はもらっていなかった。もちろんそれまでにも日本の研究者で私より実績がない人で受賞した人は何人かいた。私は賞に興味がないので気にもしていなかった。私が受賞していないと知った彼らは恐縮し、すぐ手続きをするからというので、丁重に断ったつもりでいたら数か月後、「アメリカ科学財団」と「アメリカ海軍長官」の二枚の賞状、勲章、副賞などが送られてきた。私の場合は最初に私を推薦すべき人が忘れたらしい。それ以後は当然私は受賞したと思われていたのであろう。これも日本人であることがひとつの理由となろう。賞とはそんなもので、ちょっとしたことが受賞の可否を左右する。

日本で南極の地名に人名を冠するようになると、名前をつけられた人は名誉に感じても、自分の名をつけられなかったことを不満に思う人も少なくないはずだ。命名の対象者は昭和基地へ行った南極観測関係者に限るのか、外国基地へ行った人、船関係者も含めるのか、学界にも広げるのか、あるいは冒険家もその資格を有するのか。地名に人名をつけるには、明確なルールを作ってから、それを厳守して命名すべきであろう。そしてどんなによいルールを作っても、それを運用するのは人間である。それぞれの教養のレベルが試されることにもなる。

第七章　未来へ向けて

1 ＊ 自己変革から自己革命へ

◆ゴミを含んだ氷山

一九七〇年代までの南極は、どの観測基地でもずいぶん汚れていた。昭和基地やマクマード基地ではゴミを海岸に捨て、埋め立てをしていた。南極版「夢の島」である。南極点基地は雪氷面に穴を掘り、ゴミを埋めていた。どちらの方法にしても、埋められたゴミは腐敗せず、冷凍保存されることになる。昭和基地やマクマード基地では、何千年か後に掘り返しても、埋められたままの状態でゴミが出てくることだろう。南極点基地のゴミは氷床の中に埋まり、ゴミを含んだ氷床は、そのまま南極大陸上を流れ、何万年か後には海岸に達し、氷山として流れ出るはずだ。

日本の南極観測隊は氷山氷をソフトドリンクやアルコール類に入れて飲んでいるし、最高の南極土産として、帰国後は職場や家庭でも氷山氷を楽しんでいる。氷山氷をウィスキーに入れ、オンザロックで飲んだり、ジュースに入れたりした時、氷の中に閉じ込められていた空気が氷を割って出てくるピシッとかシューというような音を聞きながら、何万年か前の空気にロマンを感じるのである。ところが、清浄と思っていた南極の氷に人間の出したゴミが含まれているとしたら、夢もロマンもなくなる。

しかし、今日ではどの基地でも、南極に持ち込んだ物はすべて持ち帰るのが大原則である。ゴミ処理は決められたルールに従い、燃える物は焼却しその灰だけを、燃えない物はそのまま本国に持ち帰っている。どの基地でもゴミはまとめられ、散乱している状態はほとんど見られなくなり、非常にきれいになった。多くの基地の食堂やバーなどには、空き缶をつぶす機械を置き、ビールやソフトドリンクの空き缶は飲んで捨てるときに、つぶし、しかるべき箱に捨てる。つまり、ゴミの分別収集が当たり前の時代になった。

◈地球環境を守るのは人びとの教養

南極に限らず、地球の環境を守るという問題を、私は人間一人ひとりの教養の問題だと考えている。では教養とはなんなのだろうか。少なくとも教養とは高い学歴があるということではない。教養のある人というのは、物事をいろいろな角度から見られ、自分自身を変えていくことができる人であろうと思う。環境に悪いので多少不便でも、マイカー族をやめ、車を手放す勇気のあるような人は、学歴に関係なく教養のある人だと思う。欲望をおさえ、無駄を少なくすることにより、省資源、省エネルギーに貢献できる人、人類全体がこのような教養を身につけてきたとき、地球の環境問題に少しは光明が見い出せるときといえるのではなかろうか。

日本人で南極の観光旅行をしている人の数は決して少なくない。経済的に豊かになってきた日本人は、アフリカや南アメリカ大陸など、日本から離れた大陸での観光旅行も済ませ、最後のフロンティアの地として南極への観光に足を延ばしている。そして南極の地を訪れた人の中には、その感動を本に残す人もいる。そんな本の中では南極の美しさを賛美し、必ず述べてあることが、「美しい自然を汚してはいけない」ということである。

北極と南極に行ったことのある女優が南極観光の後に、その旅行記を出版した。その本では南極の美しさを称《たた》え、南極の自然を守る必要性を述べ、汚してはいけないと訴えている。しかし、その本には彼女がペンギンの雛を抱いて微笑している写真も載っている。南極観測隊員はペンギンのルッカリーに近づいてはいけない、常に一定の距離を置いて見るように、まして雛に手を触れることなどタブーと教育されている。たぶん、抱かれていた雛はその後親鳥に見捨てられ、生き延びることはできなかったのではないかと想像している。いくら立派なことを言ったり、書いたりしても、実行が伴わなければ無意味である。

◈問われる意識改革

教養のある人は、自己変革のできる人だと思う。しかし、環境問題解決のためには、教養のある人の自己変革だけでは十分ではなさそうだ。人類全体に革命と呼んでもよいような意識の変革を課さないと、人類の未来は明るくならない。地球上に繁栄したほとんどの生物は必ず滅亡していることを考えると、人類もやがては滅亡するだろう。それが地球上の自然なのだ。ただ少しでも永く自分たちの子孫が栄え、人類の繁栄を続けさせたいと考える人たちが、自然保護を叫び、環境問題を憂いているのである。

このまま環境の悪化が続けば、人類の滅亡は早まるだろう。早まるとはいえ、百年、二百年後に滅亡するのではなく、どんなに短くとも一千年、二千年の年月をは要する現象のはずである。

しかし意識革命が成功すれば、人類の末永い繁栄も夢ではなくなるかもしれない。

南極は科学者だけのものではないことは自明のことだが、その環境を守るためには南極条約を遵守することがその第一歩であり、基本となる。南極は人類が共有すべき財産で、そこで科学者たちは、人類のために諸現象をモニターし、新しい知見を得る努力を継続している。

しかし、二十一世紀に入ると、南極は科学者だけの世界ではなく、観光やスポーツの場として、一般の人々に開かれることになるだろう。意識革命が成功したら、南極を科学者以外の人々に安心して開放することができると考える。開かれた南極は、現在のように多額の旅行費用を出せる人だけのものではなく、青少年でも参加可能にする。そのためにはそれなりのルールや環境作りが必要である。

旅行者に開放する地域を定め、一年間に訪れる人数の上限を決める、事故の場合の捜索、救援体制を整えるなど、決めなければならない事項はいくつかある。しかし、それらの約束事は二十一世紀の早い時期に決めることが必要である。

2 ＊ 青少年にとっての南極

◈南極体験

小学生、中学生、高校生それぞれが、南極に関心を持つことにより、自然や科学に対する心と目が大きく開かれ、人格の形成にも有効であろうと考えている。私自身のことを考えても、南極の大地に立ち、大自然の大きさを知り、人間の小ささ、己の小ささを知ることができた。南極を訪れ、大きく成長した人は多いと思う。子どもたちも同様であることは間違いない。

南半球の国・ニュージーランドでは小学校から南極についての教育を始めているが、残念ながら日本の教育システムの中で、南極や北極を真正面から取り入れている教科はないようだ。まず子どもたちに地球という星の上にある南極や北極について知らせる。そしてそこに生息するペンギンやアザラシ、あるいはオーロラという現象を理解させる。地球システムの中での南極や北極の役割を教えることにより、彼らの目が開けてくる。自分の力で考えた目的を持って、南極に行ってみたいと考える子どもたちも増えてくるだろう。

アメリカやニュージーランドの南極観測には青少年のための教育プログラムができている。アメリカの場合、高校生が自分の先生と一緒に数日間マクマード基地に滞在し、南極での生活、観測・研究の現場を体験できる。ニュージーランドは毎年十人前後のボーイスカウト、ガールスカウトの隊員がスコット基地を訪れ、南極を体験するプログラムがある。これらのプログラムを可能にしているのは、ニュージーランドのクライストチャーチから南極のロス棚氷上の飛行場へ、夏の間は週三〜五便の飛行機便があるからである。マクマード基地、スコット基地、南極点基地への人員や生鮮食料品はこの飛行便で運ばれる。この便で南極に行き、数日間滞在することになるが、ニュージーランドの場合は一週間から十日間、アメリカからでも二週間の日程で、南極を体験することができる。

◈青少年の訓練の場

しかし、残念ながら昭和基地へは一年に一回の補給しかなく、四か月間は学校を休まなければならないので、現行の制度で中学生、高校生でも南極に行くのは不可能である。しかし、私は少なくとも、南極が青少年の訓練の場になればと考えている。昭和基地では科学者以外にも、調理、機械、電気、建築など、いろいろな分野の職種の人が活躍している。このような設営関係の仕事のかなりの部分を、若い人たちや職業訓練学校在学生の卒業訓練の場とするのである。南極で仕事をしてきたという経験が、その人の勲章になるような制度を設けるのが最良の方法と考えている。学校教育の中に、奉仕活動とかボランティアの義務化が検討される今日である。一年間休学して南極で越冬し、観測隊の手伝いをすることができるというような制度ができてもよい時代になったと考えている。

研究者となって南極観測に参加するのも南極に行くひとつの方法である。しかし設営関係の仕事で南極へ行く機会も観測で行くのと同じ割合であることも忘れないでほしい。

3 ＊南極国際公園

◈二十一世紀の南極

将来の南極の在り方として、人類共通の公園とすべきという案が、南極条約協議国会議で話題になっている。すでに述べてきたように南極条約で、南極での活動は科学活動に限定はしていても実際には、ヨットで南極半島を訪れ、飛行機で内陸に飛び登山やスキーをし、船で沿岸地域に上陸し観光旅行をする人が一万人以上もいるのが現実である。名前は科学調査隊と称しても、実際は冒険旅行という、疑似科学者の南極観測隊も少なくないし、冒険旅行を実施している人もいる。たとえ南極条約の主旨に反しても、各国とも罰則規定はなく、違反してもなんの罪にもならないので、資金さえあれば南極に行きたい人は行ったほうが得である、またそのような冒険旅行を世の中がもてはやすというのが、二十世紀の南極の実情であった。それならば一定の条件を整えて、国際公園として南極を全人類に開放したほうが実情に合うのではないかという考えである。

全人類に開放するとしても、無制限ではないはずだ。まず、その国際公園を利用するためのルールの確立が必要となる。その第一は目的地への交通手段を決めなければならない。時間のない人には飛行機で行くのが魅力であるが、安全性、宿泊設備などの面を考えると、船を使う例が多くなるはずだ。一般の人が宿泊可能なホテルのある地域は限られているので、南極大陸内にパトリオットヒルズのような観光客用のキャンプサイトを何か所か設ける必要も出てこよう。このようなキャンプサイトの運営は国際協力によってなされるべきであろう。

南極大陸と周辺の島じまのどこへでも勝手に行けることにはならず、訪れてよい場所も限定されるであろう。南極半島周辺、ロス海周辺、プリッツ湾など、海氷があまり発達せず、砕氷船でなくとも容易に接近が可能な地域が、観光旅行者が訪れてもよい地域となろう。実際、自由にどこへ行ってもよいと言われても、交通手段、自然条件などを考えると、観光旅行者が行ける地域はほんのわずかに限定される。しかし、観光客に開放された地域では、事故に備えての救難体制も整備しておく必要がある。観光客を乗せた船が氷海に閉じ込められたら、あるいは氷山にぶつかったらどうするか、いろいろな場合を想定した対策を国際協力で講じておく必要があり、そのようなシステムがあってこそ、国際公園といえるのである。

◈人類共通の財産

一般の人が南極大陸の氷河の末端に設けられたキャンプ場で、キャンプ生活ができれば、特に青少年にとってそれはまたすばらしい経験になるし、南極が開放されたらぜひ提言したいプログラムである。でもそのキャンプ生活は、日本の夏にあちこちで開設されるキャンプ場のキャンプ生活とは大きく異なることになろう。それは一部の登山家だけでほとんどの日本人は経験しない、日本の冬山でのキャンプと同じと思えば間違いなかろう。テントのグランドシートの下は氷か岩で堅く冷たい。夕食の食器をそのままにしておくと、翌朝は残飯がかちかちに凍っている。だから観測隊は残飯は出さず、夕食後は食器でお茶を飲み、調理器具も湯で洗いトイレットペーパーでふき、きれいにして寝る。

氷や雪を溶かして一時間近くもかかってようやく作った水で歯を磨くと、冷たくて口に含めないほどだ。幸いにして天気がよければ南極の美しい自然の中に身をゆだね、思う存分その空気を満喫できるが、悪天が続けばブリザードとなり、テントから一歩出るにも苦労する。用便には覚悟を決めてテントから出ることになる。しかし、その厳しさもまた、南極のひとつの姿である。南極でのキャンプの楽しさ、苦しさひとつを考えても、経験してもらいたいことは数多くある。全人類の英知を集め、そこへ行く人は高い教養を身につけ、利己的にならず、南極が末永く現在の自然のまま、人類共通の財産であり続けるよう行動すべきである。人々の意識がそのようになれば、南極もまた、全人類が利用できる地域になることが夢でなくなるだろう。

あとがき

「南極へオーロラを見に行きたいがどうすればよいか」という質問を受けることがある。確かにオーロラは巨大な氷山とともに、南極で見られる現象である。しかし、「オーロラ」はローマ神話の「暁の女神」であるように、光の現象であり、暗い夜空に現れるので、白夜の世界では見ることができない。

科学的にはオーロラは電磁現象で、結果的に光り輝くので、研究者の中には日中に「今オーロラがでている」などと言う人がいる。知らない人はその声で屋外に駆け出す人もいるが、電磁現象として記録紙やブラウン管の上では見えても、光の現象としては見えない。したがって、夜がないあるいは白夜の南極の夏期間ではオーロラを見ることはできない。

南極圏の外側に位置する南極半島先端地域では夏期間とはいえ、夜は暗くなる。それでもオーロラを見ることは期待できない。オーロラは南極や北極という高緯度地域ならどこでも見えるわけでもない。オーロラ帯と呼ばれる地帯が最も頻度が高く現れ、それから離れると、出現する割合が低くなる。南極半島やサウスシェトランド諸島はオーロラ帯からはるかに離れており、夏の短い夜の間に現れるのは極めて珍しいのである。

南極の夏と同じ時期の北半球の高緯度地帯は極夜が続いている。オーロラを見たければ同じ時期に北半球のオーロラ帯、カナダのイエローナイフ、アラスカのフェアバンクス、スカンジナビア半島の北部などに行くことを勧める。南極に行くのに正しい知識が必要という一つの例である。

四半世紀前の一九七五年二月のことだった。当時は日本でも海外旅行は珍しく、ましてオーストラリアに行く観光ツアーは非常に少なかった。ニュージーランドへの日本からの直行便はなく、シドニー経由で往復していた。私は初めてのマクマード基地での観測を終え、帰国するためシドニー空港のロビーで搭乗時間の来るのを待っていた。その後シドニー空港は二〇〇〇年のオリンピックまでに、二度拡張されたが、当時でも私にとっては日本の空の玄関だった羽田空港より、はるかに広くて大きな空港に思えた。

その広いロビーの中央に出店のようなキオスクがあり、香水など若干の免税品を売っていた。現在たまたま私の乗る日本への便に、オーストラリア観光を終えた日本人ツアーの集団がいた。現在と異なりツアー客はこの日本人のグループだけであった。その日本人の多くがキオスクに集まり、我先に買い物をしている。その姿をベンチに座って眺めていると、突然五十歳代と思われる日本人の大柄な男性が、やや年老いた感じの小柄な男性を突き飛ばし、怒鳴り散らし、さらに殴りかかった。ロビーにいた人たちは、みなそちらを注目した。ガードマンが駆けつけ騒ぎはいちおう収まったが、殴りかかった人はその後も怒鳴り散らしていた。

原因は免税品を買う順番でもめたようだ。オーストラリアばかりでなく、ヨーロッパでもアメリカでも、たとえ空港であっても売店の店員の対応はのんびりしているし、釣り銭を間違えることも少なくなかった。旅行者の多くなった近年は、どこの国の国際空港でも四半世紀前とは比較にならないくらい対応が迅速になったが、それでも日本人にとってはいらつくことが少なくない。シドニー空港の店員もオーストラリア流に誠意をもって対応していたのは間違いないだろうが、そこへ言葉もほとんど通じず、しかも大量に買う集団がどっと押し寄せパニックになったろうと想像した。とにかくこの現場を目撃した私は同じ日本人としてとても恥ずかしかった。

たまたまそのツアーの添乗員が近くにいたので、「何とかしたらどうか」と言ったが、「お客様だから」と注意しようともしなかった。これほどひどくはないが、ツアーの日本人客と一緒になると、同胞として恥ずかしくなる行為を一度ならず目にする。あんな調子で南極に行かれたらたまらないと言うのが、正直な私の気持ちで、「教養」の必要性を指摘したのである。

私の真意を理解されたうえで、南極に行く機会があれば南極の自然を思いきり楽しんで欲しいと願う。

本書に写真を提供して下さったのは、大下和久、小島秀康、坪川恒也、東敏博の四氏である。彼らのお蔭で最新の写真を掲載できた。

「南極大陸周航」に関しては、同ツアーに参加した荒井庸子さん、南極大好きおばさんの中筋操さんのお二人から情報を頂いた。峯岸素子さんには原稿の整理を、茨木亜裕子さんには図の整理をしていただいた。
出窓社の矢熊晃氏には、本書の出版にあたりお世話になった。これらの方々に、心から御礼申し上げる。

神沼克伊

二〇〇一年一月三十一日

著　者　神沼克伊（かみぬま・かつただ）

1937年神奈川県生まれ。国立極地研究所・総合研究大学院大学教授。東京大学大学院博士課程修了。理学博士。東京大学地震研究所で地震や火山噴火の研究に携わった後、1974年、国立極地研究所に移り、現在に至る。専門は、固体地球物理学で、極地の地震や火山、地殻変動などを主に調査・研究している。南極行きは、1967年の第8次日本南極地域観測隊員としての越冬をはじめ昭和基地での2回の越冬、また国際共同研究などを合わせ15回を数える。主な著書に、『南極情報101』（岩波書店）、『南極の現場から』（新潮選書）、『開けゆく大陸・南極』（朝倉書店・共著）、『地球のなかをのぞく』（講談社）、『南極の四季』（新潮社）、『南極100年』（ほるぷ出版）、『極域科学への招待』（新潮社）、『北極・南極』（朝倉書店・共訳）、『地震学者の個人的な地震対策』（三五館）など多数。

装　丁　熊沢正人

DMD

出窓社は、未知の世界へ張り出し
視野を広げ、生活に潤いと充足感を
もたらす好奇心の中継地をめざします。

南極へ行きませんか

2001年2月26日　初版印刷
2001年3月10日　第1刷発行

著　者　神沼克伊

発行者　矢熊 晃

発行所　株式会社 出窓社

東京都武蔵野市吉祥寺南町 1-18-7-303　〒180-0003

電　話　0422-72-8752
ファクシミリ　0422-72-8754
振　替　00110-6-16880

組版・製版　東京コンピュータ印刷協同組合

印刷・製本　株式会社シナノ

ISBN4-931178-33-2　NDC910　188　232p

出窓社◉話題の本

http://www.demadosha.co.jp

われら北極観測隊

伊藤一

広大なカナダ領北極には、あちこちで各国の観測隊が野外活動を展開している。国立極地研究所助教授の著者もその地で数年間海氷の調査を行った。かつて数々の探検隊の行く手を阻んできた大自然の脅威と極限の地に生きる生命のハーモニーを鮮やかに描く痛快無比の北極論。〈日本図書館協会選定図書〉

本体一六〇〇円＋税

オーストラリア的生活術

岡上理穂

マルチカルチャリズムのもと、二百余国からの移民がもたらした多様な文化とスワッグマンやネッド・ケリーの伝説を愛するオージー文化が融合した国。ポーランド人の夫と共に移住生活十二年の著者が、住む、働く、食べるという生活者の目から掴みとったオーストラリアの実像。〈日本図書館協会選定図書〉

本体一五二四円＋税

英語の翼に元気をのせて

A Thank You to English

吉村峰子

学校英語非優等生だった高校生がアメリカへ留学。帰国後、青年海外協力隊の英語教師を経て、リベリア・エチオピアへ。現在、女性たちだけで運営する民間の英語教育団体ＧＩＴＣを組織し、日本の英語教育の改革のために邁進する著者が贈る、夢と勇気とエネルギーがいっぱい詰まった新・英語教育論。

本体一五二四円＋税

二人で紡いだ物語

米沢富美子

海外赴任した夫を追ってイギリス留学した学生時代から、三人の娘を育てながらの研究生活、生死の境を彷徨った自らの病と最愛の夫との悲しい別れ。そして、茫然自失から再生への手探りの歳月。女性初の日本物理学会会長や数々の受賞に輝き、世界の第一線で活躍する著者が、初めて書き下ろした半生記。

本体一八〇〇円＋税